MIT DEM MOTORRAD UM DIE WELT

CRIUS
(Christian Christophe)

Mit dem Motorrad um die Welt

MOTORBUCH VERLAG STUTTGART

Einbandgestaltung: Anita Ament, unter Verwendung des Originalumschlags
mit einer Zeichnung von Carlo Demand.

Fotos und Zeichnungen: Sexé/Andrieux/Crius.

ISBN 3-613-87149-1

1. Auflage 1996
Reprint aus 1973

Ein Unternehmen der Paul Pietsch Verlage GmbH + Co.

Druck:Studio-Druck, 72622 NT-Raidwangen.
Bindung: Heinrich Koch, 72072 Tübingen.
Printed in Germany.

INHALTSVERZEICHNIS

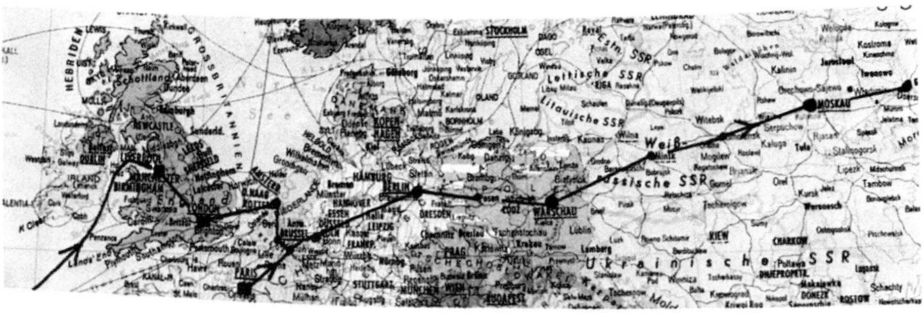

DURCH SIBIRIEN UM DIE WELT

Im Jahre 1926 fuhren zwei Pariser, so unterschiedlich in Charakter und Statur wie etwa Laurel und Hardy, mit ihren Motorrädern um die Erde. Zu jener Zeit waren nur die Zeitungen in Old Germany mit Politik bis zum Bersten gefüllt; die internationale Presse dagegen bildete unseren Geist mit Berichten über Weltumfliegung, Weltumsegelung, Pol-Expeditionen, Ausgrabungen, 60-Stunden-Tanzen.

Eine »Rund-um-die-Welt-Tour« per 6-PS-Motorrad war also durchaus »in« oder, wie der Enkel des einen Globetrotters sagen würde, »dans le vent«. Die Motorräder jener Zeit allerdings (mit Ausnahme der BMW) waren Geräte hervorragender Unzuverlässigkeit – speziell im Gelände. Alle Vintage-Fans werden sofort protestieren, aber ich weiß es besser. Ich weiß noch, wie wir im Steglitzer Club den Sonnabend mit emsigem Nachstellen der Ventile, Mutternfestziehen und Ersatz defekter Teile verbrachten. Fröhlich verbrachten! Mit Unterbrechungen im nahen Bierstübl. Wir hatten keine elenden Konfektionsschinder, sondern besaßen die prächtigsten Schlitten, die das damals führende England zu bieten hatte: Norton, BSA, AJS. Diese samstägliche Generalinspektion diente nur der Gemeinschaftsfahrt des Sonntags – vielleicht 150 km. Ein Besuch des Kolberger Bäderrennens war bereits ein Unternehmen; bei ernster Panne nahm man heimwärts die Eisenbahn.

Wenn dennoch bei Wettbewerben 50% ans Ziel gelangten, dann nur, weil da entweder ein bestellter Kenner im Dunkeln half oder die Fahrer selbst eine unheimliche Mechanikerpraxis besaßen. Solch Zauberkünstler war im Welttour-Fall der Henry Andrieux, Pinguin genannt. War schon vom technischen Gesichtspunkt gesehen die Welttour ein Wagnis, so war es weiterhin ein außergewöhnliches Unterfangen, weil die Sowjet-Union der ganzen Länge nach zu durchqueren war, wofür bisher kein Ausländer ein Besuchsvisum, geschweige denn eine Durchfahrtserlaubnis erhalten hatte. Bedenken Sie – 1926! Neun Jahre nach der Oktoberrevolution ... der Pulverdampf war kaum verzogen. Welcher Journalist hätte nicht gern Schlagzeilen heimgebracht: »Ich sprach mit Tschitscherin« – »Der rote Platz verödet« – »Gähnende Leere im Warenhaus GUM« – »In Tschita geht die vornehme Gesellschaft noch zum Five-o'clock-tea«?

Die beiden waren jung verheiratet, zumindest der eine noch in der Honigmond-Periode – mußten also die Liebsten auf Eis legen! Und die Zukunft, Stellung, Familie und last not least das nötige Kleingeld? Sagt da jemand, der alte Gillet hätte es bezahlt? »Mir ist ganz übel, wenn ich an die Vorbereitungen zurückdenke, an diese Kraftvergeudung und Zeitverschwendung! Beim Start in Paris zitterten mir die Knie: bis zum letzten Moment war alles in Frage gestellt« ... so Robert Sexé.

Den müssen Sie doch übrigens kennen? Nie gesehen beim Elefantentreffen – das sollte mich doch wundern! Robert Sexé aus St. Bénoît; dieser chemisch reine Moto-Idealist kommt immer noch per DKW, während die Freunde von früher ihren 2002 am Parkplatz verstecken. – Ich lernte ihn kennen, als er noch all seine Zauberkräfte besaß, an einem Juliabend am Anhalter Bahnhof. Dort stand unter SW-Taxen ein Kamel auf Rädern – wenigstens den zwei fellartigen Höckern nach schien es eines zu sein. Die Höcker waren Säcke. Wir öffneten sie, weil jemand dringend ein Kettenschloß haben mußte, kamen aber vom Thema ab, und Gustav Mueller, der Boss vom MOTORRAD, warf spanische Dolche in die Diskussion. Die waren an Bord – auch ein Steinschloßgewehr, zerlegt natürlich, es war Dr. Ehme vom Museum versprochen. Weitere Schätze: eine türkische Opiumrauchmaschine, ein jugoslawisches

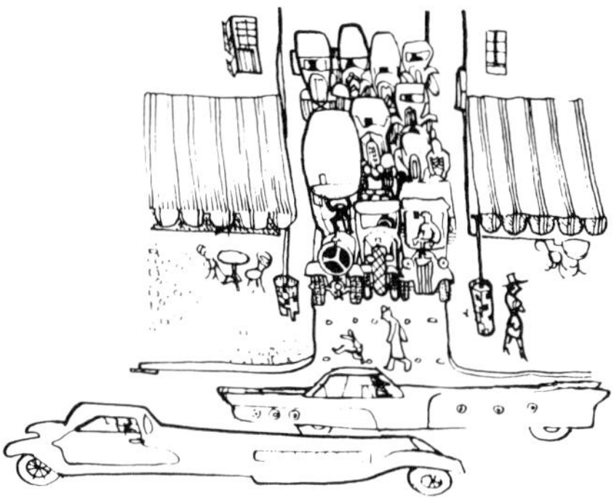

Festgewand, Indianerschuhe und mehrere japanische Puppen. Klarer Fall einer Goldmine für Journalisten, denn jedes Objekt wickelte Sexé in eine Geschichte ein. Gustav kidnappte ihn auf die MOTORRAD-Redaktion, verängstigte ihn allerdings durch seine Sprechmaschine mit Wachswalzen so sehr, daß ihm die deutschen Worte nicht mehr einfielen (»Ist ja auch erst zehn Jahre mit Rosel verheiratet«, meinte die Altmann, Gussis Sekretärin). Wir hatten natürlich auf eine Geschichte aus des Sultans Pop-Harem gehofft, bekamen aber was über die Taxifahrer in Paris. Na schön, dann eben das nächste Mal.

Das war zehn Jahre später, und Robert hatte sechs Motorradfreunde zur Olympiade mitgebracht. Wenn auch die Unterhaltung nachts nicht stockte, schon weil die Gäste aufrecht stehend nicht drusseln konnten, kamen wir doch nicht über die Ventilzeiten von Marcels Matchless hinaus. Und so blieb die Weltrundreise bis zum Bol d'Or 1938 und schließlich bis zum Wiedersehen im besetzten Paris 41 liegen . . . wenigstens war mir nun die Wunderhöhle bekannt, ich hatte ehrfurchtsvoll die russischen Landkarten betrachtet, seinen verfluchten Schinder gefahren (und repariert!) und die Geschichte von dem Kniefall der Yvonne gehört: »Lassen Sie doch den Henry zuhause« (sie erwartete ein Kind).

Wir waren Freunde geworden, hatten unsere Philosophie verglichen, Rennen gefahren oder verpaßt, jeden Sommer Poitou durchstreift, Vintage-Rallies veranstaltet, und noch immer war der Meister nicht mit seiner Geschichte der Tour du monde niedergekommen. Niemand hatte den Schlüssel zu seinem großen Abenteuer. Nur ab und zu bekam ich Sätze zu hören wie diese: »Man kann jetzt so leicht für 500 Grüne zu den Bahamas flitzen und dort im Sheraton die Stars zählen ... mit Caravans kann man bis zu den Thuareggs vorstoßen, aber das steht ja schon alles im Geografic Magazin. – Allein mit dem Motorrad macht man Bekanntschaften sonst schwer ansprechbarer Typen, denn für diese ist unsere Montur – das Motorrad – ein laisser-passer. Wir treffen automatisch auf Gleichgesinnte, auf Männer, fern von alberner Würde.«

Motorwandern ohne Wege, ohne Werkstatt und ohne Organisation ist ein lohnendes Abenteuer. Man entdeckt, daß es eine Kameraderie der Motorradfahrer auf der ganzen Welt gibt. Das verstehen die meisten Menschen nicht – sie schauen dann zur Seite, und das heißt: der spinnt ja! (Er spinnt aber garnicht – verkriecht sich nur in das Schneckenhaus seiner Bescheidenheit.) Sie finden die Worte zu großartig und bleiben lieber beim Tonbandgestammel vom Niveau der T.V.-Interviews, in welchen aus Zeitmangel auch die letzte blaue Blume ausgerissen wird – wo Abenteuer und Höhepunkte durch profane Fragen von einem müden Roboter zum Grau-in-Grau der Alltagssprache herabsinken. Sie beschreiben die großen Männer ohne Furcht und Tadel ... blendende Schüler, Musterknaben der Familie, nie ein Bett genäßt, nie mit der Elly im Keller erwischt worden, keine Hammer sind je vor Wut durch die Luft geflogen, nie sind sie die Hotelrechnung schuldig geblieben und haben auch nicht ihre Mieze auf der Preisverteilung vergessen ...

Und nun meine zwei!

Den einen müssen Sie sich in dem Dachzimmer einer Burg vorstellen, deren Türme besorgte Bärte tragen – aus Efeu. Die Pumpe arbeitete nicht mehr, als ich einmal hinkam, aber die Türme guckten immer noch einäugig nach oben. Das

Mansardenzimmer war mit Landkarten und Posters beklebt; und im Ziegenstall standen mittlerweile neben einer Norton 1912 und der »Tour du monde« noch weitere 14 Hirsche. In der zweiten Etage wirkte Mme. Rosy – ja, der Oxfordstudent aus Paris hatte sich eine doll Hübsche eingefangen ... eine Allemande aus der Pfalz – gleich nach dem Kriege. Mit einem Wort: Roman-Thema.

Aber erst der Pinguin! Den befreite Sexé buchstäblich aus einem Kellerverlies der rue Brunel im Pariser Autoviertel. Dort wirkte er von 7 bis 20 Uhr im Halbdunkel als Gillet-Mechaniker, denn damals brauchten Arbeiter kein Licht! Es genügte, wenn der Patron ein helles Empfangszimmer hatte. Henry war glatt aus einem Roman von Steinbeck entflohen – hätte in Connery Road gepaßt. Robert wird nicht müde, die gewaltigen Schiebekünste von Andrieux im knietiefen Sand zu beschreiben und die mit seiner Vitalität verbundenen Komödiantentalente. In seinem Radfahrverein »Die fröhliche Lerche« war er Starsänger und Meister der Zauberkünstlerschau jeden vierten Sonntag in der Saison. Wie nützlich das Hervorziehen eines Silberdollars aus einem Busenausschnitt und ähnlich Menschliches war, berichtete Henry in drei Briefen an Yvonne – sicher nicht zu viel für sechs Monate Abwesenheit – »es gab so wenig Briefkästen ...«.

Jetzt ist es Zeit, daß Robert zu Worte kommt, ich drücke also auf die Taste Play-Back (des Magnetophons):

»Zunächst einmal ging's höchst prosaisch los an einem dreizehnten Juni, einem Sonntag zum Überfluß, wo alle anderen viel Zeit haben, und zwar vor dem Hotel Excelsior in Paris an der Porte Maillot. (Von dort aus kann man den Arc de Triomphe noch ein letztes Mal sehen.) In einem Regenschauer mit Freunden drum herum – zehnmal besser in puncto PS ausgerüstet als wir! Eine muntere und nützliche Eskorte, wie bestellt für die anwesende Wochenschau. Ohnehin wurden wir viel bestaunt wegen der vielen Behälter und Reifen an Bord, wenn wir auch auf die üblichen Reklamemalereien verzichtet hatten. Beim Ab-

schied von den Begleitern im Bistro an der Grenze hatte der Wirt dennoch geschaltet: »Weltreise, was?« – fragte er uns.
Der Abhärtungstest oder die Vorprüfung der Dichtheit der Kleidung setzte sich fort: die Täler der Maaß im Regen, die Gilletfabrik in Lüttichs Vorstadt in rauschendem Wolkenbruch. Dort wurden die Packtaschen mit »unabdingbaren Ersatzteilen« gefüllt, die wir auch nicht ein einziges Mal benutzt haben (und in Werschne Udinsk verschenkten). Im gleichen lauwarmen Regen Aachen – shake hands und ein paar Gläser mit deutschen virus motoradi Infizierten . . . die gleiche Spezies – nur diesmal in rauhen Mengen – wartete in Köln. Warum?
Wir hatten den Zuverlässigkeitswettbewerb »Deutschlandfahrt« zusammen abgespult! Sprung, Rossner, Neumann-Neander – sagt Ihnen das etwas? Die ersteren wurden als Fahrer, Neumann Neander als Erfinder berühmt. N^2 hatte man mit den Rohren seiner Leichtmetall-Neander unterm Arm zwei Tage vor dem Start getroffen. Bescheiden gesagt, ganz interessante Leute – Adenauer kam übrigens auch in den Club!

BEI TÜNNES ZU GAST

In Tünnes Heimat ging die See immer schon hoch. Jockel, der Erfinder und Organisator der Deutschland-Rundfahrt, raunte mir zu inmitten der Dünung: »Robert, die Fahne muß flattern . . . Vorschußlorbeeren werden nicht verteilt, mein Ehrenwort darauf!«

Fünf Minuten später brach er es: »Ich trinke auf die Helden der Charkow-Moskau-Rallye.« Schon aus Widerspruchsgeist mußte ich antworten, den Mythos des Wortes »Heldentat« zerstören. Denn diese Bewertung erteilte jemand, der nicht dabei war – besser wäre es, einmal an die Mechaniker zu denken, die die Hauptsache machen . . .

Sehr viel amüsanter war, was ich eben am Telefon hörte: Um drei Uhr morgens hätte es wie verrückt an der Haustür in Champigny gedonnert. Rosy war aufgestanden – »Wer ist denn da?« »Den Sexé will ich sehen! Er hat bei meiner Mutter in Konstantinopel übernachtet. Ich bin der Sohn und will den Motorpoeten endlich kennenlernen!« – Auch dieses Mal sollte es nicht sein – der Poet war vor neun Stunden gen Sibirien abgefahren . . . verwandte Planeten, die sich im All niemals treffen!

»Ihr müßt noch bleiben, Mensch, verstehste, sowas gibt's nicht alle Tage – hier sind mindestens fünf Jungens, die würden sofort mit Euch fahren. Prima Kerle, sage ich Dir. Die sägen dem Großvater die Lehne vom Stuhl, ohne daß er etwas merkt. Hatte übrigens eben Paris am Telefon, Robert. Am Place de la Concorde wissen sie nichts von Eurer Tour.« (Höllengelächter! Na, ja, die Sportbehörden!)

Dazwischen kam ein Telegramm: »Alles geregelt in Warschau – stop – ruft von Berlin an – Warschau 2409 – stop – Touring Club de France . . . Na, seht Ihr!

BERLIN BY NIGHT

Wir waren bei Potsdam hinter Sanssouci an den Blumengärten des Parks hereingekommen – dem saisonbedingten Ersatzteillager für die geometrischen Rabatten vor dem Schloß und dem chinesischen Pavillon. Und so gelangten wir über den Wannseeberg zur Avus-Rennbahn, an deren Ende der Kaiserdamm leicht zu finden war.

Von den zwei Motorradzentren war er das eine, mit Norton und James an der Stadtbahn und Neumann & Reichelt, der Gillet-Vertretung, etwas zurückversetzt. »Ich habe gerade Vieregg am Telefon«, rief uns Reichelt aus dem Fenster zu. »Na, Ihr Dollbrägen, seid Ihr schon da«, sagte der Vorsitzende des Deutschen Motorradfahrer-Verbandes. »Ich weiß, Sie hassen Empfänge und Reden mit Vorschußlorbeeren. Laßt uns wo hingehen, wo es lustig ist und hinterher mit Zerenze und Julius von Krohn ein Bierchen trinken. Überlegt mal, ich komme gleich ... Massari, Waldoff oder Scala?« und dann hängte er ein, schon wieder mit etwas Neuem beschäftigt.

»Wat hat der Arthur vorjeschlagen? Massari, na kennste ja: Warum soll eine Frau kein Verhältnis haben – aba mir jefällt die Claire besser: Warum kiekste mia denn imma uff de Bluse . . . Det vasthste doch, Robert – wieviel Sprachen kannste eijentlich? – Aba für den Pinguin is dett nischt ... Kabarett – nee.« Worüber Frau Reichelt frischen Streuselkuchen und Kaffee auftrug, aber der Hausherr meinte: »Mielchen, für Robert alles richtich, für den Herrn Andrieux springste aba mal rüber nach 'ner Pulle Vermouth oda Pernod, vastehste? Ich gehe dann mit Henry in die

Werkstatt noch wat fragen« . . .
Ich saß allein und sah die Kinoreklame rüberleuchten: Lil Dagover – Krauss und Veidt – das Cabinet . . . des . . . Doktor . . . Caligari. An der nahen Litfaßsäule warben andere Titel: »Nosferatu« von Murnau, Pabst »Die freudlose Gasse« und »Quo vadis« . . . Ja, quo vadis? Das paßte auf uns. Indem hörte man marschieren und

Fetzen eines Verses mit Vehemenz ausgestoßen: Vaaaterland, Vaterland. Gleichschritt – schlapp, schlapp. Da kamen sie mit der Fahne der deutschen Kriegsmarine vorbeigedroschen. Auf den Plakaten stand: »Gegen die Enteignung der Fürsten«. Das war das Problem des Tages – auf der Straße drehte sich niemand um.

In der Werkstatt standen alle Mann um die Kamele herum. »Viel habt Ihr aber nicht verbraucht«, meinte der Chef, der gerade durch das Tankloch das Benzin abschätzte – »werde mal gleich nachfüllen.« »Nein, auf keinen Fall, sagte ich, denn wir benutzen die Strecke Lüttich-Warschau als Verbrauchstest.« – Die Stadt war hell erleuchtet – es war »was los«, als wir in Viereggs AGA Richtung Motzstraße rollten . . .

Als wir in der Martin-Luther-Straße die dritte Etage der SCALA erklommen, erklang aus jedem Stockwerk ein Blues oder ein anderes Jazzstück, frisch importiert aus den Südstaaten Amerikas. Im obersten Saal spielte Tommy Ladnier. Es war gerade die Soloeinlage des Schlagzeugers dran. Pianist und Bassist hatten sie ans Thema herangeführt, das hieß »Noise in Yucatown«. Der schwarze Meister der Trommelstöcke schien aufmerksam auf die zingelnden Signale zu lauschen . . ., die er in den Raum sandte, dann kam ihm die Idee (man sah es), einen zusätzlichen Tusch in anderem Takt und natürlich vervielfacht hinterherzuschicken – ab und zu wurden in

Minutenabstand die Fugen in Blech mit einem Paukenduo umrahmt, und damit man sich nicht vereinsamt fühlte, jagte eine lange und enorme Meute von Trommel- und Besenschlägen in höchstem Tempo hinterher. Darin fochten Cymbeln und Klingeln miteinandern, aber ihre Kräfte versiegten gemeinsam symmetrisch ausgeglichen, wie es seit 1912 das Gesetz in New Orleans befahl. Grenzenloser Jubel beim Publikum und bei Henry! Sah ich verstört aus? Irrtum! Jedenfalls sagte Neumann barsch zu seinem Kumpel »Varieté wollen die sehen . . . Akrobaten, Zauberkünstler, sowas wie Rastelli, verstehste, Du Kamel . . .«

Ehrlich gesagt waren wir vollkommen glücklich: es war ein milder Sommerabend. Der Regen hatte aufgehört – es gab soviel zu sehen im Vorüberfahren – die vielen Geschäfte, die Spezialitäten-Restaurants, Formigines Schunkelbude in Halensee, all die hübschen, schlanken Mädels auf der Straße. (»Wie bei uns«, meinte Henry, »Busen trägt man nicht mehr!«) Wir hielten am Kudamm, um zu Willis Dachgarten emporzusteigen – mit Sicht bis Zoo und Rundfunkturm – da war es gemütlich! An der Wand hing die »Zwitschermaschine« von einem gewissen Paul Klee. (Henry war protestlos von den Sandbahnexperten in die Garage verschleppt worden Ich studierte Julius v. Kron Bücherregal: John dos Passos (Manhattan Transfer), Joyce, Doyle, Toller, Thomas Mann . . . Da sagte Zerenze: »Hier, das solltest Du mal schnell lesen »Meine Universitäten« von Pjeschkow, alias Gorki. Oder hier noch besser, was über den Poeten der russischen Revolution: Majakowski. Kannst Du russisch?« – »Wenig, ein bißchen polnisch.« »Ist zwecklos in UdSSR! Bringe Ihnen morgen um 6 Uhr ein Lexikon – wir sind ja Nachbarn« . . .

Am Ende des Bords stand ein schwarzer Kasten mit drei Paar Kopfhörern. »Ach«, sagte ich, »ein Erzeugnis der Reichstelegraphenverwaltung?« – »Lach doch, Robert«, erwiderte Zement-Erich (Tennigkeit), »die haben eine Million zahlende Hörer! Und was kommt dabei heraus? Nachrichten wie diese: ein Londoner hatte die

Dauerwelle erfunden – die Berliner hingegen die weiße Mittellinie auf der Straße – und für die Arbeitslosen das Hanomag-Kommißbrot mit 500 ccm, 12 PS.« Am gestrigen Nachmittag hatten sich all die kleinen Fluggesellschaften in der Aero-Lloyd zusammengeschlossen. Eine Gruppe von Junkersmaschinen sollte einen Testflug nach Kamtchatka über Moskau–Barabinsk durchführen, denn wir haben seit vier Jahren einen Freundschaftsvertrag mit der Sowjet-Union (Wirth-Tschitscherin). Die benutzten Junkers sind F 13 mit 310 PS-Motor für 49 Personen und drei Piloten ... eure Strecke ist das ! ! ! Wir hören auch von Frobenius in Afrika, sowie von Filchners Asien-Expedition – Byrds Nordpolflug ... wirklich, die Welttour mußte auf fruchtbaren Boden fallen!

Die Kinder – nämlich die ewigen Kinder, auch Motorradfahrer genannt – waren inzwischen in Richtung von Zerenzes Garage in der Fasanenstraße verduftet, um eine Mc. Evoy mit 1000 ccm Jap-Zweizylinder zu bewundern ... eine schamlose Kopie des Rolls Royce auf zwei Rädern, nämlich der Brough Superior. Sie kostete 2100 Reichsmark ... ohne Licht. Carl Binder-Saam probierte die Haltung. BSA-Bach war nicht einverstanden – der Steuerkopf sei zu mickrig. Henry stimmte dem zu ... das brachte eine weitere Runde Sauren mit Persiko ...

Und nun sammelten sie alle ihre französischen Brocken hervor: Sehen Sie mal, Monsieur Andrieux, eine deutsche Maschine mit Blockmotor! Heißt Schüttoff ...« »Bei uns gibt's so etwas Ähnliches: Motoconfort – eine Blackburn-Kopie.« Sie diskutierten hart über Vor- und Nachteile der Blockkonstruktion, als wir zum Sammeln erschienen ...

Morgen abend mußten wir in Warschau sein – die warteten schon auf uns. »Au revoir, Berlin«, sagte Andrieux beim nächsten Tagesanbruch, »du hast mir sehr gut gefallen!« –

EINHEITSWOLKEN UND STRASSEN ...

Und so rollte man und rollte (im Grunde nur darauf bedacht, Europa möglichst schnell hinter sich zu bringen) – oder saß man überhaupt nur im Sattel, und es waren die Bäume, die vorübereilten? »Wuff, wuff, wuff« – mit dem Ton der Motoren gemixt ... Zuerst waren es die belgischen Linden, dann die köllschen Linden, die hannoverschen ... heute die berliner und morgen die Linden von Warschau! Man konnte wohl behaupten, daß es eine europäische Einheitsstraße gab (nicht gerade von überwältigendem Charme)! Wir liebten sie aber, eben wegen dieser Bäume, die im Sommer Schatten spendeten und bei Regen den direkten Impakt der Tropfen milderten. Ihre Kronen gaben selbst gegen dunklen Himmel uns die Richtung an, falls das eigene Licht zusammenbrach, oder falls man über Kilometer von den gleichen Halunken geblendet wurde ... Wenn es regnete oder solcher herumhing, dann gehörte ein bleigrauer Himmel dazu, wiederum einheitlich. Der Einheitshimmel spannte sich von Lüttich bis Smolensk.

In Deutschland und in Polen fürchteten wir Motorradfahrer eine überlebte Erfindung der Gutsbesitzer – den »Sommerweg«. Die Landstraße war in zwei gleichbreite Streifen geteilt: auf der einen Seite ein befestigter Weg – entweder gestampfter Schotter mit hauchdünner Teerschicht drüber oder Kleinpflaster, dessen Oberfläche nach drei Wintern stehende Wellen aufwies; auf der anderen Seite bestand er aus Sand – Erde. Dieser weiche Teil war den zahlreichen Pferdefuhrwerken zugedacht wegen der Hufe der Tiere. Aber sowohl die spärlichen Autos wie fast alle Pferdefuhrwerke benutzten die harte Straße, weil der Rollwiderstand geringer war. Zum Überholen eines Heuwagens mußten wir in den Sommerweg, dessen tiefe Rillen für den Durchschnitts-Motorradfahrer eine Sonderprüfung mit Angstzuständen war! Als allgemeine Regel galt: ganz nach hinten setzen, die gestreckten Arme steif wie Stangen – nur mit dem Körper schwenken, nicht lenken! Daß dieser gute Rat nur für Maschinen mit Steuerkopfwinkel 65 Grad, Nachlauf 8 cm und nicht zuviel Topplast galt, war nicht einmal Allgemeinwissen der Konstrukteure!

Wir machten auf unserer Tuckelreise nach Moskau immer wieder mutige Ausbrüche in den Sommerweg ... als Training. Denn eines Tages – sehr bald sogar – würde unsere »Piste« ein Sommerweg von morgens bis abends sein ...

So ging es in diesem Stil zur polnischen Grenze und weiter bis Kutno auf den ersten katastrophalen Straßen. Das war zugleich Check-point: beide Tanks leer! Das hieß also 1200 km mit 40 Litern geschafft – immerhin beruhigend! Der Regen blieb uns treu bis Warschau – auf einem Blitzausflug zum Schloß Vilano mit dem Polski Motorcycl Klub und einer abendlichen Sandbahnshow des Ing. Rycuder, ihrem Champion in dieser Spezialität.

Und es regnete auch noch am sechsten Tag, als an der russischen Grenze der Stacheldrahtverhau zum ersten Mal seit unserer Rückkehr aus Moskau 1925 weggeräumt wurde ... die nächsten Zollbeamten sollten wir erst wieder in Wladiwostok sehen. Das wirkliche Abenteuer fing langsam an – doch nicht gleich. Die Brücke über die Beresina war repariert – bald war Moskau dran ... Das hieß, zwei wichtige Leute ausfindig machen! Wo war der Zettel mit der Adresse? Dimitreo und Andriewski hießen sie ...

MOSKAU

Wir wurden erwartet. So hieß es. Tatsächlich waren Lotsendienste im riesigen Moskau eine große Hilfe, hätte ich doch den Weg zum Club am Swedlow Platz wahrscheinlich sonst kaum wiedergefunden... wie ich mir einbildete. Von unseren Bekannten von der Rallye-Vereinigung wußten wir, daß uns zwei Motorradfahrer entgegenkommen würden. Noch dazu auf denselben Gillets, die wir im Jahre zuvor als Warenprobe mitgebracht hatten.

Und sie standen »offensichtlich« aufgestellt an dem Kommissariat eines kleinen Dorfes, 50 km vor Moskau, das wir bei Dunkelheit durchquerten, ohne Zögern, da wir auf das Bild zweier, auf der Landstraße auftauchenden Motorradfahrer vorbereitet waren. Erst nach einiger Zeit begann das Gehirn zu signalisieren: zwei Motos ... zwei Männer ... und: Motos sehr selten! Erst dann drehten wir um. Die Freude war groß auf beiden Seiten.

Wir wurden zunächst einmal gefüttert. Henry sagte: »Das gefällt mir, die denken an die Hauptsache ... anprosten und Reden halten kommt später.« Er verstand instinktiv, weil bereitwillig, was ihm der Nachbar links von seiner Gillet berichtete – die hatte keine Kompression mehr. Und so verschwand Andrieux nach dem Essen mit diesem Genossen, und wir fanden sie beim Schein von acht Stearinkerzen in einer mit Heu gefüllten Scheune wieder. Henry hatte bereits den Zylinder runter und ersetzte die Kolbenringe aus unseren Vorräten ... und die verlorene Kompression war wieder da! Große Freude; das Ereignis wurde gleich durchtelefoniert, und daher war es nicht erstaunlich, daß wir am Swedlower Platz im Pferdezeitalter Moskaus viele Autos und Motorräder – vielleicht sämtliche – aufgereiht fanden, ebenso wie eine Menschenmenge.

Das Programm des Tages mit Rundfahrten durch die Stadt und Besuchen war allzu reichhaltig – doch bei Gelegenheit teilte ich dem Clubchef meine vordringlichste Sorge mit: Passierschein, Benzinstationen, Landkarten usw.... »Alles ganz einfach. Wir geben Euch Kameraden mit, die Euch zum Ministerium bringen. Die entsprechenden Leute machen sich schon mit der Idee vertraut. Vermutlich braucht Ihr gar kein Papier!« Aha, dachte ich, wenn der Sibirienausflug man nicht doch noch abgelehnt wird ...

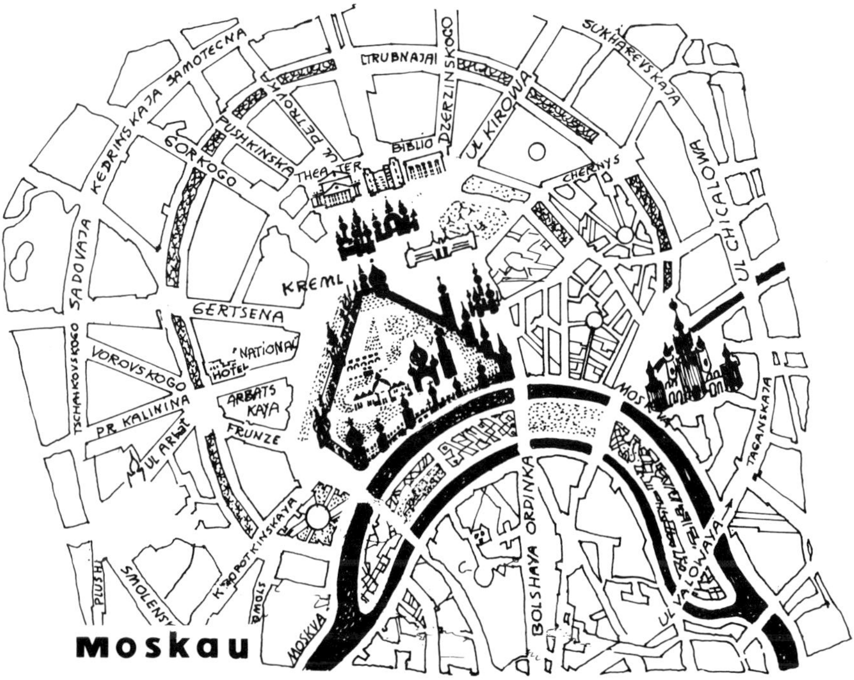

Ablehnen ist immer das Nächstliegende – die natürliche Reaktion des undisziplinierten Gehirns auf etwas Neues (das war es, wovor ich Angst hatte) – die berühmte Phrase: »Man kann die Verantwortung nicht übernehmen« hörte ich bereits im Geiste. Na, wenn der Plankommissar das sagt, dann wäre die Fahrt hier zu Ende.

Schon am nächsten Morgen wurden wir – Sexé & Co – Forschungsreisegesellschaft – durch die Charkower Kameraden zum Transport-Ministerium gebracht. Als wir beim frischbestallten Asienkenner auf dem Schreibtisch

saßen, mit Landkarten in der Hand (wie wir sie, koste was koste, haben mußten!), war es klar: der gehörte zur Charkow-Bande (die Rallye-Fetischisten genannt) und so guckte ich Henry – und Henry mich an, was heißen sollte: C'est dans la poche – das ist geritzt! Jedenfalls kein Widerstand – unser Mann war König und hatte keinen Vorgesetzten, der sich durch Widersprechen distinguieren mußte!

Wir gingen auf Wolken schwebend raus, und inzwischen begann der »Vorgang Sexé« in Kamerad Scantlow's Gehirn zu keimen. Schon am zweiten Tag identifizierte er sich mit der Sibirienfahrt und sprach mit Ilyuscha, seiner Frau, darüber (die uns beide schon im Tari gesehen hatte)... »Reizende Menschen, Du mußt ihnen helfen mit den Ausweisen und dem Brennstoff. Der Kleine spricht so tapfer russisch, ich könnte das nicht so schnell lernen.

Aber den Pinguinowitsch solltest Du mir mal mitbringen. Der ist vielleicht ulkig!« –

»So, der ist ulkig«, sagte Scantlow, kam aber nicht mehr drauf zurück; so sind die Männer – stumm und taub!

Er begann jedoch mit der Gründlichkeit des Beamten Auskünfte

einzuholen, begab sich ins Ministerium, zu den Soldaten, und so schwoll die magere Akte auf Fingerdicke. Wir ahnten nichts von dieser wirkungsvollen Bremse, die so gut gemeint war ... und wanderten Abend für Abend zu unserem allgemeinen Treffpunkt ins JAR, einem fast geheimnisvollen Ort. Zur blauen Stunde war der Eingang von zwei ledergegürteten Litfaßsäulen besetzt, die zumindest nach einem Paßwort fragten. So im Fußgängertempo vorbeizuschlendern, um dann überraschend hineinzuflitzen ging nicht. Ganz anders war es, wenn wir zwei kamen, mochten wir noch so schön verkleidet sein. Wie weiland der Graf Soundso waren wir durch das Zweitakt-Tatteradamm angekündigt. Die Tür schwang auf ... und wir marschierten hinein und nahmen die Parade ab. Mein Gott, sagte ich mir immer, wir haben doch noch garnichts geleistet, und die behandeln uns wie die erfolgreichen Nordpolflieger ... »Die da«, das waren die Garderobenfrauen (nur Ledermützen waren abzugeben), die Sängerinnen (sie wechselten alle Abende, aber die »Wolgaschiffer« fehlten nie), und die zehn vom Charkow-event mit ihren Freundinnen ... eine besondere Rasse, die der Seßhaften.

Was immer der Anlaß sein möge, man muß sich bei einem Gläschen niedersetzen und das Ereignis bekakeln (wie schon die Genossen Kapitalisten es taten). Das Gläschen, nebenbei, mußte von 8 bis 10 Uhr reichen ... danach wurde noch ein zweites »aufgerufen«. Und um 12 Uhr wurden wir rausgeschmissen, ob Genosse Scantlow vom Ministerium dabei war oder nicht. »Ganz prima, Junge«, meinte der Pinguin, wenn wir zu den Kamelen schritten und unter allgemeiner Anteilnahme der Test »Start auf den ersten Kick« vorzuführen war. »Bei uns in St. Etienne ist der Verbrauch höher.« Ja, Henry, sagen wir franchement zu hoch ... mit drei Liter Wein pro Kopf zu 11 %! – ich konnt's mir ja verkneifen, wir waren erst am Anfang einer sehr trockenen Reise. Sibirien? Niet, niet. Japan? Da fließt der Saké nicht in Strömen (es ist einfach, besoffen zu sein) – und USA? Da war immer noch Prohibition! Armer Pinguin!

SOPHIA FOMINTSCHNA VERLEGTE SICH AUFS BAUEN

Schon immer war die Umfriedung des Kremls mit dem Krasnaja (roten) – Platz und mit seinen vier Kirchen – der kleinen des Kremlin Palastes, der großen Kremlin-Kathedrale, dem Glockenturm von Iwan dem Großen und, etwas abseits, der Kirche von Wassili dem Glücklichen, das Zentrum der Stadt Moskau. Drum herum wand sich eine Grünstreifen-Allee im engeren und ein Außenboulevard mit sechs Namen im weiteren Kreise. Beide überschritten die nördliche Schleife der Moskwa zweimal mit sechs Brücken.

Dort lagen die Sehenswürdigkeiten und unser Hotel Metropol, das zugleich ein Kino war. Kam man durch die kleine Verbindungsstraße um die Ecke gewischt, Richtung Krasnaja Plost, beeindruckte die »Kathedrale« – dieses lustige, farbenfrohe Riesenkirchlein mit vier großen und vier kleinen Zwiebeln in gelb und grün geschmückt. Da gab es nicht den würdevoll geschwängerten Ernst unseres Begriffes »Kathedrale« mit seiner Nadelkissen-Stachlichkeit und der verwitterten, zum ästhetischen Symbol erhobenen Grauheit! »Mütterchen Rußland ist so lustig und groß«, sprach diese Kirche!

Nur wenige Schritte weiter, an einem Regierungsbau-Überbleibsel der Anker-Steinbaukasten-Periode (1912), überblickte man gleich vier Zwiebelturm-Gotteshäuser ... noch farbiger! Und »farbenfroh« wird immer mit südländischer Influenz in Verbindung gebracht – zu Unrecht!? – Ich sagte es ja schon, wir mußten ja auf allerlei Papiere warten. So liefen wir Kreuz und Kreml vor der Basiliuskirche herum. Sie war nach dem Wandermönch und einzigem Bändiger Iwan des Schrecklichen benannt: Wassilij Blashenny. Näheres über Bauherren und Architekten stand auf einer Tafel:

Die Vorliebe für Kathedralen kam

von Zöe Patäologos, Byzanz-König Konstantins Nichte und Braut von Iwan, dem Großen. 1453 hatten die Türken Konstantinopel erobert und den Kaiser geschlachtet. Zöe flüchtete zum Papst Sixtus, der sie mit Erfolg an Iwan den Dritten vermittelte – Heirat 1472. Iwan war am meisten begeistert von dem doppelzüngigen Adler von Byzanz... für seine Sammlung! Hatte er doch schon Polen und die Litauer in die Pfanne gehauen!

Zöe, umgetauft auf Sophia Fomintschna, verlegte sich auf's Bauen. Die guten Adressen aus Italien wußte sie: Fioravanti aus Bologna hatte 1479 seine Kathedrale fertig. 1484 wurde »Maria Himmelfahrt«, eine Kopie von russischen Architekten, eröffnet. Und 1505 kam Alovisio Novo aus Mailand mit den Plänen für eine dem Erzengel Michael geweihte Kirche. Kurz – als Iwan starb, war der Kreml voll (und das, was er jetzt ist)!

Soweit waren wir von einer Eminenz Grise aufgeklärt worden; dann gerieten wir im Museum auf französische Briefe... von Napoleon! Da war einer vom 22. Juni 1812 »Soldaten, Rußland schwor uns Alliance... nun bricht es seine Schwüre. Es erklärt, daß es keine Gründe für sein seltsames Verhalten angeben will, bevor nicht der französische Adler über den Rhein geflohen ist«... Am Ende des Briefes stand: »Morgen überschreiten wir den Njemen.«

»Das war kein seltsames Verhalten?« meinte Henry. Wir beschlossen, dies zum mindesten auf der nächsten Postkarte zu erwähnen, die wir nach Hause schicken würden. – Tatsächlich vergaßen wir es wieder... vollständig! Wie wir beinahe die »Familienfotos« vom roten Platz hätten liegen lassen... Motorradfahrer auf ihren Mühlen, na ja! Nur, daß zwei von ihnen Smirnow und Nukubin hießen und später Illiochins und Migs konstruierten. Das war auch Geschichte – noch nicht fertige; denn wir waren ja schon weg. Wir dachten: Vladimir, Gorki, Wassili Sursk, Swerdlovsk, Tjumen. Es hatte sanft begonnen, das Abenteuer... mit wiesenartigen Wegen.

TAIGA – ERSATZ

Die letzten zwei Tage waren wir bei sonnenlosem Himmel dem eindeutigen Weg gefolgt. Hohe Büsche und waldartige Partien verdeckten die Fernsicht – nur gelegentlich sahen wir rechts und links Berge. Das erweckte den Wunsch nach einer Übersicht über das Land ... sozusagen über die nächsten drei Tage ... die nächste Woche. Schließlich stieg der Weg an, und nach vielen Windungen nach rechts und nach links – manchmal gar in dreiviertel Kreisen – kamen wir auf ein Hochplateau.

Da sahen wir die Weite des Landes: eine sandige Steppe, regelmäßig mit klitzekleinen grünen Punkten besprenkelt bis zum Horizont. Der schien in der klaren, staubfreien Morgenluft so weit, weit entfernt – er schien mit dem Ende Sibiriens zusammenzufallen! Dicht unter uns wand sich ein Fluß durch die dunklere Partie des Landes. Es galt natürlich nicht, neue Wege zu entdecken, sondern nur den sogenannten Trakt zu verfolgen ... und immer wieder neu aufzufinden, wo er verloren gegangen war. Denn diese einzige Ost-West-Straße – von fünf Zaren befohlen und schließlich 1875 vollendet – war seit der Errichtung der transsibirischen Eisenbahn vernachlässigt und verwildert. Gelegentliche Steinaufschüttungen zeugten von der lobenswerten Absicht einer Erneuerung ... so stark wie diese Steinhaufen überwuchert waren (wohl seit 70 Jahren?), so auch die »Straße«. Sie verschwand einfach für Kilometer, und stattdessen durchfuhren wir Gestrüpp von der Dichte eines Urwaldes.

Wir »fuhren«. Das heißt, wir paddelten zwischen gestürzten Bäumen, Lianen und Pfützen, die

Ab und zu war der Trakt so zugewachsen wie ein Wald ... umgestürzte Bäume gehörten zum täglichen Pensum.

ganz schön tiefe Löcher verbargen. Nur einmal wagten wir uns übrigens an die Taiga (Wald). Da wurde das Motorrad ein lästiger und überflüssiger Gegenstand; nicht, daß man nicht die vielen Barrieren aus Ästen umzirkeln konnte, sondern in jeglicher Richtung endete die eingeschlagene Piste in zu tiefem Wasser... Der Jungwald hingegen, der auf dem Wege nachgewachsen war, verlangte immer häufiger, drei bis fünf vom Sturm oder Blitz gefällte Bäume zu »überspringen«. Henry hatte folgende Technik erfunden: die Maschine wurde dicht an den Stamm gedrängt, dann hoben wir zusammen erst das Hinterrad und dann das Vorderrad auf den Stamm. Einer hielt nun den Lenker, der andere packte am Hinterradständer an, und dann glitt das edle Roß schon von ganz

allein an der anderen Seite herunter. Kostete manchmal eine verbogene Fußraste, aber dem Kurbelhaus und dem Auspuffrohr geschah auf diese Weise nichts... das war lebenswichtig!

DER ZAUBERKÜNSTLER

Am folgenden Tag, nach dem Rundblick über unser Steppen-Soll, gerieten wir in mannshohes Gras. Der Boden war so »eben«, daß man Tempo zulegen konnte. Wir fuhren nebeneinander, sahen aber nur ab und zu den Kopf des anderen auftauchen, und der hopste wie bei einem Traber auf und nieder – zwei Reiter im Zweitakt Rhythmus! Mal stürmte der eine, mal der andere etwas vor. Wir wurden nicht geschüttelt, sondern wir dominierten – den Gaul und die Steppe – unsere Steppe. Wir flogen hindurch mit Leichtigkeit – Sicherheit ... es war himmlisch!

Es war endlich einmal das Streifen durch die Natur, wie man es sich vorgestellt hatte ... mühelos, elegant – dank dieser herrlichen Erfindung mit dem (blöden) Namen MOTORRAD. – Ein Glücksgefühl? Jeder Kenner von Vintage-Motorrädern wird hier ungläubig den Kopf schütteln. »Streifen – mühelos – elegant durch die Natur?« – das hat er nie gekannt. Ja sicherlich, aber auch nicht unseren Trick: Wir nahmen uns die Mühe, im Gelände die Reifendrucke zu senken! Eine Krampe pro Reifen (entsetzlich schwierig, bei der Montage einzufädeln) verhinderte das Wandern des Reifens auf der Felge, also ein Ausreißen des Ventils. So schaukelte unser Roß um den »Drehpunkt Fahrer«, statt um die Wackeleinrichtung vorn – die sogenannte Federgabel – brutal zu hopsen. Diese »Reifenfederung« wurde schon in den Six Days von Schottland damals angewandt!

An diesem Tage legten wir die längste Tagesstrecke zurück – 140 Wiesenkilometer! Nur war leider, gegen Abend auch nicht das geringste Anzeichen einer menschlichen Siedlung zu entdecken... kein Wunder, waren wir doch schon übermütig an zwei Hotel-Gelegenheiten vorübergefahren – hatten natürlich weder auf die Karte, noch auf den Kompaß geguckt. So war es denn fast dunkel, als wir eine imposante Schafherde trafen. Wie so oft ersetzte ein gegenseitiges Beschnüffeln Rede und Antwort. Die Nomaden verstanden, worauf es um diese Tageszeit ankommt: Essen und Schlafen. Wie gehabt, war das Dinner Weißkäse, Milch und Brot – wie immer überreichte Henry zeremoniell eine Schachtel Streichhölzer. Dann wurden wir dem Zelt des Chefs mit seinen zwei Frauen zugeteilt.

Am Morgen stand ein halbes Dorf um unser Bett. Die Kamele hatten sie schon inspiziert. Wegen der reichlichen Quarkmengen zum Frühstück wollte Henry jedem »Besucher« eine Gratisrunde offerieren, aber die Gillet sprang nicht an. »Hat überhaupt keine Kompression, diese Bestie«, meinte er... Und nun begann für die Hammelnomaden der Dokumentarfilm ihres Lebens: Meister Andrieux bei

der Schnellmontage. Ein jeder wollte den Zylinder, die Kerze und die Kolbenringe beriechen. Henry zeigte die Teile mit weitausladenden Gesten. In der linken Hand hatte er einen zerbrochenen Kolbenring – in der rechten ebenfalls ... doch abrakadabra: plötzlich waren in beiden Händen komplette Ringe! Die zerbrochenen waren verschwunden! Jedenfalls wartete man geduldig, bis der Motor wieder montiert war (vielleicht aber auch darauf, daß Henry noch eine Taube aus dem Fellmantel des Nächststehenden zöge).

Als die Maschine – nun wieder als Kamel bepackt – auf den ersten Tritt ansprang, blickten die Naturkinder den Zauberkönig mit unverkennbarer Ehrfurcht an. Er war auch ein wirklicher Künstler ..., der niemals versäumte, eine besondere Einlage für die Damenwelt zu bieten, seien die Nanas nun in lange, weite Pelzjacken oder nur in leicht lädierte Blusen gewickelt. Aus irgendwelchen Winkeln oder der Überfülle ihrer Haare holte er ein Geschenk, der Tausendsassa! (Was war es? Eine Gillet-Anstecknadel!)

SUMPF

Als wir längst am Ziel waren – viel später also –, wurden wir gefragt, worüber wir so verschieden geartete Motorreiter den ganzen Tag gesprochen hätten ... meine Güte! Vorwiegend über garnichts! Und warum auch, bitte? Wir saßen ja nicht aufeinandergekauert im Auto, wo irgendwann mit mathematischer Sicherheit die Unlust überhand nimmt und der Streit ausbricht. So etwas konnte garnicht passieren, da jeder auf seinem Motorrad saß und wir stets die gleichen Sorgen hatten.

Weil uns auf einem Hof mit deutschsprechenden Bauern gesagt wurde »Kinder, Ihr fahrt ja verkehrt rum« war eine Diskussion über die legendäre Welttour New York–Paris ausgebrochen. Andrieux kannte den »einzig wahren Bericht« – denn er hatte im »Le Matin« gestanden! Ich wußte es aber ganz anders, nach dem Buch von Thomas (USA), und die Gutsfrau, früher Lehrerin in Riga, kannte nur die Koeppen-Version, also die deutsche. Wir hätten die Nacht durchgestritten, aber Bauern sind praktisch veranlagt: »Morgen früh um halb fünf müßt Ihr – und wir auch – aufstehen! Also ins Bett – marschmarsch ... und wenn auch ein Stachel zurückbleibt!«

Das Streiten über den besseren Weg hatte Folgen: Wir nahmen laut Generalstabskarte einen noch »besseren« ... er vermied die Taiga, jenen Mischwald von Birken und Tannen, wo wir zwei Tage zuvor gute sechsmal quer über den Trakt liegende Bäume überklettern mußten. – Ziemlich bald wurde der nun eingeschlagene Weg feucht und feuchter. Bald bedeckte Wasser zwischen torfartigem Gestrüpp schon die Reifen und Felgen; etwas später war das

Kurbelhaus »wassergekühlt«, und dann tunkte die Schwungscheibe ein. Andrieux war mir 200 Meter voraus, als plötzlich sein Hirsch bis zu den Achsen einsackte. Ich ließ mein Kamel stehen – es fiel in seiner »Grube« nicht einmal um – und eilte zu ihm. Wir zergelten, so gut es ging, jedoch beim Anheben sanken nunmehr wir tiefer ein! Es blieb nichts anderes übrig, als Hilfe zu holen und erst einmal Äste zwischen Rahmen und die Speichen zu schieben, um weiteres Absaufen zu verhindern.

Wir knobelten mit Streichhölzern – Henry zog das kurze und mußte zurückbleiben. – In keinem der drei Häuser, aus vollen Baumstämmen erbaut, gab es eine Menschenseele. Eine Katze floh vom gemütlichen Kaminplatz vor dem bebrillten Ritter. Dann kam Großmutter um die Ecke, betrachtete mich von oben bis unten, sah die einzelne Maschine und nickte mit dem Kopf ... ihr Roman war fertig und zu allen Erklärungen – zunächst in Deutsch, dann in Englisch und zuletzt per Wörterbuch in Russisch nickte sie nur immer in gleicher Weise. Klar, die anderen waren auf dem Felde (mit den Wagen und Zugtieren). Trotzdem wäre es ja schön gewesen zu wissen, wann sie wiederkommen sollten. Hätte ich doch nur ein bißchen Mimik bei Marcel Marceau studiert! Also Papier her, und dann wollte ich die Frage mal ganz genau aufschreiben. Aber die russischen Buchstaben! Da haben doch Kinder mutwillig das deutsche und griechische Alphabet durcheinandergewürfelt. Das N verkehrt rum ist ein I – unser N ein H, das kleine t ein M (das Taschenlexikon gab nur die Aussprache in römischen Buchstaben wieder). Na, wir hatten ja Zeit, wenn auch Henry anders darüber denken mochte ... Endlich war mein Ukas fertig. Sollte heißen: Kommen die zu Mittag wieder? Mütterchen holte ihre Brille und fing an zu giggeln und brach dann in ein unendliches Gelächter aus ... Inzwischen lauschte Henry einem Froschkonzert – die kleinen plärrten und die großen unkten – kük, unk-unk –, auch Vögel kamen vorbei und brachten andere mit, um die zwei ungewohnten Formen zu begutachten, sagte er später ... Wohl 50 Mal holte ich die Uhr hervor ... Gegen Mittag kamen sie mit zwei Wagen vom Felde. Ich gab mir einen Ruck, um unseren Fall nochmals zu erklären, aber da erschien auch Madame mit zwei Pferden, und so wurde alles plötzlich ganz einfach. Jetzt sprach Großmutter laut und deutlich: sie hatte alles genau verstanden.

Ohne eine Erklärung wurden Säcke und Geräte von einem der Wagen abgeladen, und es ging los zur Rettungsaktion des Pinguins. Ich saß neben der Lehrerin. »Großmutter kann keine russischen Buchstaben lesen – mit lateinischen hätten Sie mehr Glück gehabt« – war die erste Überraschung. Die zweite? Neue Argumente für unsere Diskussion von gestern abend: »Die Franzosen hatten doch garnicht genug Geld bei sich; Beweis der Verkauf an den chinesischen Bonzen.« Nein, das war ein mongolischer Potentat! – »Ach, kein Bein, ein Rauschgifthändler war's, jedenfalls ein Kaufmann!« (Aha, das war hier ein Schimpfwort!)
»Aber die romantische Seite!« (Jetzt wurde das Wasser tiefer – Henry konnte nicht mehr weit sein) – »Ich meine die »Kinder« von 21 Jahren ... im Zust: Scarfoglio – Autopoet – Heinrich Saga und Sirtori ...« – »Na, ja, fils à Papa – der gibt das Pulver. Ist ja nicht seriös – da gefallt Ihr mir viel besser ...« (Mann, war das ein Kompliment!) – Später sagte sie: »Liebster Sexé, lassen Sie bloß das Geld stecken, sie kränken damit meine Leute ... für uns war Euer Besuch eine große Freude! Und die muß nun ein paar Jahre reichen!« »Na, wir sprachen auch noch mindestens 500 km lang von Frau Doktor Schullehrerin im Ural!

UNTERRICHTSFACH: EXPEDITION

Von Oktober 1924 bis Juni 1925 waren mit einem Tagesdurchschnitt von 83 km acht Citroen Kraftfahrzeuge quer durch Afrika von Colomb Béchar über Mambassa, Tananarive gepoltert. Es war ein großartiger Test, ein politisches Manifest und ein wahres Studium für das Fach »Expedition«.

Auch das – »der schwarze Kreuzzug« genannt – hatte mich inspiriert, obgleich sie als bereits wissenschaftlich organisiert bezeichnet werden muß und außerhalb des Bereichs einer Privatperson lag. Mehr noch aber hatte es mir die Dramatik der Welttour »Linksrum um die Erde« angetan – ich meine New York–Paris. Noch heute gibt es davon Laterna Magica-Bilder bei der Thomas-Compagnie.

1908 war das Jahr – les temps héroiques! Und der Start der sechs Bewerber fand am Times Square an Lincolns Geburtstag statt. Der erste Teil dieser Welttour führte in USA von Küste zu Küste (New York – Chicago – Seattle). Dann sollte es über Alaska (straßenlos) über Nord-Sibirien, Rußland etc. nach Paris gehen. Ausgerechnet fand aber der strengste Winter seit 25 Jahren statt, so fiel Alaska–Sibirien unter den Tisch ... die Teilnehmer bogen von Ogden ab nach Los Angeles, Frisco, Seattle und dann per Schiff über Japan nach Wladiwostok – und dieser Rest war Abenteuer genug – genau sowenig von Straßen durchzogen wie 18 Jahre später, als dies haargenau »Unsere Route« wurde.

Aus Italien und Frankreich kamen je zwei Autos, aus Deutschland und USA je eines. Die Fahrzeuge: ZUST (I) 2,9 to – 24 PS – 68 km/h; De Dion Bouton (F) 3 to – 30 PS – 80 km/h; Sizaire-Naudin (F) 2,1 to – 12 PS – 64 km/h; Brixia-Zust (I) 1,6 to – 40 PS – 95 km/h; Protos (D) 2,8 to – 40 PS – 110 km/h und Thomas (USA) 1,6 to – 60 PS – 96 km/h.

Der Protos war in 16 Tagen gebaut worden – Wilhelm II. hatte es verlangt! Der Fahrer war Koeppen. Im Zust (I) saßen Kinder von 20 und 21 Jahren: Scarfoglio (Auto-Poet), Heinrich Saga und Sirtori. Pons (Vater von Lily Pons), Dreiradfahrer beim Autorennen Peking–Paris vom Jahr davor, hatte seinen Sizaire so vollgeladen wie die Protos und De Dions. Die Deutschen hatten Felgen für Eisenbahnschienen und »Mundvorrat« für einen Monat an Bord. Der dritte Mann, ein Arctic-Kenner, konnte nicht Autofahren. Was erst nach dem Start herauskam.

Motobloc hatte hingegen einen Filmoperateur an Bord und zehn Kisten Champagner. Der Serienwagen Thomas besaß nur zwei Bretter für Pannen an Bord, die als Kotflügel dienten. Mit nur zwei Mann Besatzung wog der Stärkste am wenigsten!

An der 42sten Straße, Ecke 7th Avenue in New York, wurde um 11,15 Uhr der Startschuß aus einer goldenen Pistole gegeben ... Motobloc und Protos starteten gewollt langsam, desgleichen der Naudin, weil er nur 12 PS hatte. Knapp hinter New Jersey hatte Zust bereits Ketten- und Kühlerbruch, und der Champagner-Baron Godard segelte mit seinem Motobloc in den Graben (keine Ahnung vom Steuern) ... und so tranken sie bereits 20 km vor New York den Schampus aus. Zwischen Poughepsie und Peekshill geriet die gesamte Expedition in einen Schneesturm mit Verwehungen von 0,6 bis 3 Metern Höhe. In zehn Stunden wurden die restlichen 35 km bis Albany geschafft. Nach ganzen 160 km gab Pons auf: das Differential seines Siziare war gebrochen. Beim Zust brach das kleine Ritzel des Differentials. Daraufhin mietete die italienische Mannschaft die Fabrik der Dearles Comp. in Rochester. Nach der Reparatur fuhren sie im immer noch anhaltenden Schneesturm die Nacht durch, um den Thomas und De Dion einzuholen ... was endlich in Buffalo

gelang, da Thomas zu einer Express-Überholung in die eigene Fabrik fuhr! Proteste der anderen wies das Pariser Comité zurück.
Am 18. Februar war der Thomas in Cleveland, der De Dion in Painesville (minus 30 Grad), der Zust in Erie (minus 27 Grad C). Beim De Dion brach eine Achse – der Thomas fuhr auf Schienen. Die eingefrorenen Italiener mieteten gegen den tiefsten Schnee, den Indiana jemals gesehen hatte, einen Schlitten mit 16 Pferden (der zusammenbrach!). Schon in Chicago versuchte die Rennleitung bekanntzugeben, daß die ursprüngliche Route über Alaska–Sibirien als Utopie aufgegeben sei ...
Ohnehin verließen die Protosbeifahrer den Chef – Koeppen – der Arktik-Experte hatte sein Renommee verloren: der restliche Schnee verwandelte sich in unbeschreiblichen Modder. – Die Zust- und De Dion-Crew übernachteten im Clinton Grand Hotel, Thomas engagierte die Feuerwehr der Stadt zum Reinigen seines Autos! 450 km zurückgefallen Protos und Motobloc! In Jefferson wurde das italienische Empfangscomité – vorwiegend festlich verkleidete Damen – zum Suchen eines davongeflitzten vierten Rades auf den moorigen Feldern benutzt. In diesem Schlamm bis zu den Achsen »erzielten« sie 7 Kilometer pro Stunde (zwischen Denison und Woodbine). In North-Platte lud Buffalo Bill die noch vorhandenen Wettbewerber ein (und winkte mit Kontrakt für seinen Zirkus). Zust II hatte genug vom Schieben und benutzte die Schienen der Union-Central-Railway. Beim Herannahen eines Zuges mußten sie schnellstens Latten unter die Felgen legen und runter in den Graben. Am 9. März war Baron Godards Motobloc am Ende ... der Chef ebenfalls: er hatte kein Geld mehr!
Für die anderen kamen nun die Rocky Mountains. Im Schnee bergab gab's kein Halten: der Zust I raste talwärts, kam aber im Fluß zum Halten. 150 Schwellenarbeiter der nahen Eisenbahnlinie trugen ihn heraus.
Am 24. März gelangte Thomas nach Frisco – 146 km pro Tag hatten sie geschafft ... oder die 6140 km in 42 Tagen! Der Schnee

war daran schuld – er fiel auch auf die Schienen. Statt drei Tage und fünf Stunden brauchte der Express mit der 2D2 Pacific und einem Schneepflug 5 1/2 Tage! Peinlich für die Sache der Automobile? Kein Bein, Glaube ist unerschütterlich!

Am gleichen 24sten hatte Zust II 1100 km Rückstand... der Zust Nr. I hingegen Rahmenbruch, während der De Dion in einem Teich bei Valley Spring halb ersoffen war. Noch weiter zurück lag der Protos! – Die Thomas-Mannschaft stürmte nach Alaska – alle 387 Einwohner von Valdez begrüßten sie, aber es gab wirklich keine (nur Ziegen-) Wege. So wurde die Alaska-Route aufgegeben... Sirtori kam zu Koeppen. Zust II und De Dion fuhren durch Nevadas Geisterstädte der Goldrausch-Periode – in Death Valley fanden sie noch menschliche Gerippe... Wasser kostete 10 Dollar ein halber Liter. Zwölf volle Tage hinter Thomas trafen Zust und Dion in St. Francisco ein.

Schließlich geschah in diesem herrlichen Durcheinander von Regie-Anweisungen (den Teilnehmern nur zum Teil bekannt), dem Eigensinn der Fahrer und der falschen Auslegung der Paragraphen, daß Koeppen die Eisenbahn nach Seattle nahm (Protest-Protest) und Thomas als Letzter nach Yokohama schipperte! Zust und Dion, die ersten in Yokohama mußten eine Woche auf die Erlaubnis warten, auf den japanischen Straßen bis Tsuruga das Rikscha-Getümmel in Unordnung zu bringen. Ihr Antrag und Drängen half den Folgenden: der Schildermaler hatte bereits Übung, die Worte New York – Paris auf 70 x 20 cm zu komponieren. Nur 414 km waren zurückzulegen, aber was für welche!! Wären die Drachen der Tempelpfosten durch die engen Gassen der Dörfer galoppiert, hätte es nicht mehr Aufsehen erregt als die reifen- und kanisterbeladenen Fahrmaschinen der Rallye-men.

In einer engen Kurve am Fudschijama genügte es nicht, den Wagen per Hochheben herumzusetzen. Sie kauften dem Bauern ein Haus ab und rissen es ein. Eine Bambusbrücke brach zusammen, als Zust II, bereits jeglicher Zuladung beraubt, darüber zuckelte. In Hukusan heuerte St. Chaffrey die gesamte Bevölkerung für 30 cents pro Tag an, um über die steilen Stufen einer Tempeltreppe zu kommen. Scarfoglio dagegen sauste mit Power-Slide um alle Ecken; er mußte unbedingt den Dampfer kriegen, der am 12. in Tsuruga abging. In Sicht des Hafens, aber noch auf einem Zwergpaß (500 m), winkte er mit einer Lampe am Stock. Dem Thomas war Japan erlassen – Koeppen blieb in der Wertung, sollte aber 30 Tage Rückstand aufholen als Ausgleich für die Testfahrt – nämlich die der leader nach Alaska. Derartige diktatorische Entschlüsse riefen einen Koller der Wut bei De Dion hervor: Chaffreys Wagen wurde kurzer Hand an einen Chinesen verkauft!

Koeppen erhielt in Wladiwostok frische Mechaniker. Dann kamen Mandschu-Steppe und Sibirien. Thomas half Koeppen, als sie beide achsentief im Dreck steckten – fünf Tage später saß er selber fest. In Chita bekam Koeppen den 1000 Dollar-Preis des russischen Automobilclubs. Am Baikal-See war er schon auf dem Schiff, als die anderen ankamen, dafür verlor er in Irkutsk den Zettel mit den kostbaren Benzinadressen! Zust, der erst am 2. Juni in Wladi gelandet war, geriet bei Harbin in Brand ... mitten auf den Schienen der Mandschu-Bahn, aber das Feuer wurde gelöscht, bevor das Zügle heranbrauste. Dieses war aber kein Pendelverkehrzug, sondern ein besonders langer: die gesamte chinesische Armee war drin.

Ein Rückstand gegen Thomas von neun Tagen und nacheinander ein gebrochenes Rad und Federn, ein leckender Tank und ein ausgelaufenes Lager (wegen dem Nähmaschinenöl, dem einzig verfügbaren in Harbin) ergaben die nächsten Aufgaben. Hagar machte Lager aus Pistolenkugeln, und es ging weiter . . .!

In Jekaterinenburg brach nun die Hinterachse am Thomas. Koeppen erreichte Moskau mit zwei Tagen Vorsprung. Seine Mannschaft schlief nur drei Stunden pro Tag (rohe Eier und Milch waren die Verpflegung – Tafeln dauerte zu lange). In St. Petersburg mußte Thomas noch den Kühler reparieren, und so passierte Koeppen Berlin vier Tage eher; als Thomas durchkam, war kein Jubel übrig geblieben! Am 26. Juli brauste Koeppen durch die Pforte Pantin von Paris – er glaubte gewonnen zu haben . . . Die Offiziellen sagten: »Und die Eisenbahnfahrt über die Rocky Mountains? Und die Schiffsreise um Japan herum?«

Thomas kam am 30. Juli ins Ziel mit einem Credit von 24 Tagen und einem Strafmandat wegen Fahrens ohne Licht. 21 400 km waren sie auf vier Rädern gefahren, 13 250 per Schiff . . . in 170 Tagen. In New York fuhren sie dreckbeschmiert vom Hafen zum Präsidenten Roosevelt.

Und die drei vom Zust II? Scarfoglio wurde von der russischen Geheimpolizei als Spion festgehalten. Hagar wurde krank . . . kam drei Tage ins Gefängnis wegen eines wildgewordenen Pferdes. Noch vor Paris ein letzter Unfall brachte sie alle in ein deutsches Krankenhaus – erst am 17. September kamen sie an – als Nr. 3! Der Protos-Sechszylinder steht im Deutschen Museum in München, der Thomas in der Sammlung von William F. Harrah in Reno/Nevada, der Zust verbrannte auf einer Londoner Ausstellung.

Die Männer, die da mitgespielt haben, hatten wenigstens ein ganzes Leben lang etwas zu erzählen!

Als diese Sache in der Zeitung stand, war ich 18 Jahre alt. Ich kaufte alle Zeitungen und klebte die Berichte in ein Buch. Papa, der es (mit meinen Bemerkungen am Rande) gelesen hatte, sagte: der Junge hat den Abenteuer-Komplex! Manche Sätze blieben besonders gut haften – »Hagar machte Lager aus Pistolenkugeln« . . . »mit zunehmender Geschwindigkeit glitt

das Fahrzeug wie ein Schlitten hangabwärts und kam erst im Wasser zum Stehen.«
Fünf Jahre später entdeckte ich den Zauber des Motorradfahrens. Ich hatte eine BSA und eine Norton. – Und 18 Jahre später hatte sich das alles zur Idee »Tour du monde« auf dem Motorrad verdichtet ... bis zur Realität!

DIE MÄANDER ...

Schon wieder brach die Morgenröte durch – die 32. wahrscheinlich. Wie durch Linsen brannte die Sonne durch die Wolken. Alles fühlte sich naß an. Wir legten langsam die Lederrüstung mit der Haut eines Nashornes an. Und unsere Gedanken wanderten über alles hinweg, um uns herum nach Hilfe suchend: Wo geht es nun entlang? Als Auswahl hatten wir diesmal Norden-Süden-Osten-Westen ... weiter nichts!

Schon der Schulatlas kann es erklären – da drängen sich die Flüsse Wjadka, Kama, Bjelaja und Welluga aneinander, aber jeder schlängelte sich in Mäandern, wie auch seine Nebenflüsse. Von Nahem sah das wie lauter parallele Wasserarme aus, feste Erde erschien nur als gelegentlicher Streifen (so wie hier skizziert). Unser Problem war, möglichst nicht nutzlos zweimal denselben Arm zu überqueren, um uns auf dem gleichen Ufer wiederzufinden. Aufblasbare Pontons hätten wir haben müssen, aber wie die mit-

schleppen? Man wünschte sich, mal kurz im Flugzeug aufsteigen zu können, um den Zusammenhang dieser Wasserhydra zu erkennen und vor allem die zwei Eisenbahnbrücken auszumachen!

Ich schickte Andrieux mit dem Feldstecher wieder zurück zur einzigen kleinen Bergkuppe und sah ihn im mannshohen Grase verschwinden und wieder auftauchen, bis er als ganz kleiner Punkt stationär wurde ... ein Punkt unter anderen. Ich kramte das Notizbuch hervor, um die letzten Mißerfolge und Fortschritte in Stichworten festzuhalten, und fand, daß ich die Maria-Himmelfahrtskirche ungenügend beschrieben hatte: Jahreszahl Fragezeichen, Komma, Katharina II. stand da. Über ihr Kunstverständnis berichtend hatte ich im Lycée von Poitiers eine zwei bekommen und viel später in Oxford 'ne fünf – es gibt eben doch keine internationale Geschichte! Hatten wir Komplexe, daß wir in diesem Moment an so etwas dachten?

Nein, aber wo blieb Henry? War etwas passiert? Dauernd stellte man sich diese Frage. Wir waren jetzt zwei Brüder geworden. Mechanische Pannen passierten ohnehin – sie waren unser täglich Brot. Die Schwimmer des Vergasers hatten genug geschwommen und waren alle beide versoffen – mit Sektkorken ging es ab Tomsk viel besser; die Ersatzkettenschlösser lagen sicher auf dem Hockerpflaster von Perm. Die beiden Überlebenden hielten durch Riegelchen um die Feder aus Konservenbüchsenblech (einem raren Artikel nebenbei).

Und die Stiefel! Man kann sagen,

daß unser Weg mit Schuhsohlen gepflastert war – und warum? Il pleut toujours en Sibirie – nix gut für Leder!

Endlich erscholl das vertraute Geblubber des Zweitakters, unterbrochen von kräftigen Salven. Demnach war das Gelände mit Sprungschanzen durchsetzt. Dann tauchte der Cowboy zwischen den vielen roten Blüten des Gestrüpps auf – er ritt stehend auf seinem

Kamel. »Mossjöh Sexé, mehr Wasser als Land, aber die zwei Eisenbahnbrücken sind auf der rechten Seite ... nicht wie die Bauern sagten! Wir müssen aber zweimal Kahn fahren. Und sonst? Der Drehschieber hatte gehakt – aber er hatte es gleich gemerkt, fein, was? Natürlich eine gesegnete Panne – er hätte sich ja auch festschweißen können, der Drehschieber. Dieses Ding war eine hohle Walze aus Bronze im unteren Teil des Überströmkanals. Der axiale Einlaß mündete in den Vergaser davor. Ein seitlicher Schlitz der Walze überlief »im rechten Augenblick« die Öffnung zum Kurbelhaus, durch zwei Zahnräder von der Kurbelwelle angetrieben. Daß der Schieber und sein Zahnrad nur durch Klauen verbunden waren, war unser Glück: so konnte man die Hohlwalze nach Abnahme des Vergasers einfach auswechseln – leichter als 'ne Zündkerze!

Da unsere Luftfilter – eine Neuigkeit für diese Epoche – wohl Sandkörner, aber keinen Siliziumstaub abhielten, war der Drehschieber Konsumartikel Nummer I – noch vor den Ketten. Jeder hatte zwei davon an Bord – in Wladiwostok warteten vielleicht schon vier andere!

Eine gesegnete Panne also – aber die wievielte? Der wievielte Umweg, Aufenthalt und Zeitverlust seit Omsk? Ich fing an in Tagen, ja in Stunden zu rechnen – in plus und minus – sagte aber nichts. Wozu auch, der Pinguin liest ja alle Gedanken an meinem Gesicht ab ...

»Die Bronze ist Scheiße« – erklärte er.

KÄFER IN ÖL

Das ungezähmte Sibirien – weiß Gott, ob Du wolltest oder nicht, jeden Tag bekamen wir davon eine andere Kostprobe! Heute war es der Saft! Wir hatten beide Tanks geschüttelt und festgestellt: noch zwanzig Liter – gleich 280 km!

Dabei war es Routine, in Ortschaften unsere benzingierigen Augen spazierengehen zu lassen. In der letzten Stadt (Perm) hatten wir nach systematischer Streife durch den ganzen Ort dunkelzähes Öl im Lokomotivdepot entdeckt und erworben. Darin schwimmende Fremdkörper erwiesen sich als Insekten. »Stört ja nicht«, meinte der Vorsteher eines Konsumgeschäftes, der uns ein Sieb verkaufte ... (sein einziger Umsatz des Tages) Großmutter, Mutter und Kind sahen beim Sieben zu (die Käfer im Sieb wurden von den Kindern gern entgegengenommen und weitervertauscht). Das Öl – unser Öl, schließlich nur noch ein Liter, sah ganz klar aus ... was willste mehr?

Und Benzin? Wir entdeckten und verfolgten zwei Kraftwagen; die Chauffeure sprachen eingehend mit uns, wie man das so macht, wenn man nichts hergeben will ... aber einen Liter reines Benzin und einen Liter Spiritus bekamen wir in der Apotheke; mehr war aus Perm nicht rauszuquetschen.

Dafür war der folgende Trakt ein Himmelsweg, und die Myriaden hungriger Insekten waren verschwunden. Somit konnten wir die »Gardinen« – unseren Gesichtsschutz – verstauen. Da hörten wir einen fernen Donner von Hufgetrampel, und in dem Moment, in dem die Büsche einen Bach freigaben, galoppierte eine zunächst unübersehbare Menge von Pferden und Fohlen auf uns los. Dicht bei dicht füllten sie den schmalen Weg. Henry, mit dem eingewurzelten Respekt des Großstädters, vermutete »trouble« und startete eine Vollgassalve, was aber offenbar höchste Alarmstufe für die Vierbeiner auslöste. Jedenfalls stieg der führende Braune wiehernd steil in die Höhe, und

ARMER HENRY BIST DU SCHÖN.

ihm folgend stoppten die ersten. In sie hinein prasselten die folgenden. So ungefähr muß es bei den Reiterschlachten des vorigen Jahrhunderts zugegangen sein. Panik vor allem! Die armen Tiere trotteten jedoch nur bis zum Bach und verhielten dort mit ängstlichen oder wilden, auf die verfluchten Donnerkerle gerichteten Augen.

Schon die braven Zugpferde der gelegentlichen Bauernwägelchen hatten uns nie gemocht. Manchmal überholten wir sie, während der Kutscher gemütlich auf seinen Weizensäcken schlief – wir konnten ja nicht ewig hinterhergondeln! So kamen wir mit Halbgas längsseits, um möglichst wenig Lärm zu erzeugen ... aber wenn wir auf gleicher Höhe waren, gingen sie unweigerlich durch. Es blieb uns nichts anderes übrig, als ebenfalls (mit Vollgas) »durchzugehen«.

Und nun tauchte auch der Grund des Zögerns der Pferde auf: drei Reiter, die Cowboys der Herde. Für sie waren wir keinesfalls ein paar unerwünschte Störenfriede, vielmehr eine hochinteressante Species von Reitern, und nach kurzem Beschnüffeln war der Fall klar: wir sollten mit zum Bauernhof. (Wieder einmal hatten wir ein Hotel gefunden, ohne einen Finger zu rühren.) Andrieux mußte sich diesmal als Fahrlehrer produzieren, was sich bis in die anbrechende Dunkelheit hinzog. Dann machte er auf den abnehmenden Bezinvorrat aufmerksam, und das war wieder einmal eine geniale Pinguin-Eingebung. Denn zu unserem höchsten Erstaunen wurde aus einer Ecke des Pferdestalls ein Fäßchen Benzin herbeigezaubert. Gutes, sauberes Benzin mit der Aufschrift »BAKU 1926«. Wir lieferten ihnen als Gegengabe den versteckten Rest unseres Wodkas.

Auf dem Höhepunkt des Festes raunte mir Henry zu: »Frag den doch mal, ob die Herde uns niedergetrampelt hätte . . .« Antwort: »Ja« . . .

TREPPE IM URAL

Wie ich so leichthin sagte, haben wir nicht viel vom Ural gesehen – nur eine Unmenge kleiner Anhöhen, die zum Beispiel den Bjelaja-Fluß zwingen, in zehn Schleifen sich nach Ufa zu winden. Mit Perm und Swerdlowsk als nördlichsten Punkten wurde uns also kein Hochgebirge, sondern nur seine Ausläufer geboten. Und dennoch erwartete uns ein Ritt über Stock und Stein, den man auch heute noch – vollbeladen wie wir es waren – mit einer Bultaco Sherpa nicht viel schneller und sicherer bewältigen könnte. Es war ein Fußweg – weniger zum Fahren, als zum Herunterstürzen ... denn es zog einen magnetisch talwärts; hier ist diese Situation mithilfe einer Pause des verdorbenen Originalfotos dargestellt:
Ein Pfad zwischen Gesteinswänden, rechts von Kohle, links von Metalladern durchzogen. Was man als Weg sieht, sind keine Treppen der Normgröße 17 x 25 (schon 1550 in Florenz festgelegt), sondern die Natur hat diese Stufen gebrochen, geklopft und ausgewaschen. Die Neigung ist vielleicht nur 20 Grad, doch für uns mit dem Paket von Säcken auf dem Hilfstank war alles, was unter dem Vorderrad passiert, absolut unsichtbar! Der oberste Sack (der Kamelhöcker) beschränkte die Sicht, selbst wenn man sich vorbeugte; das heißt, drei Meter vor dem Vorderrad konnten sowohl

durchweg so gut wie wirkungslos. So war auf Lebenszeit das rechte Bein als Stützbein und das linke als Bremshebelbetätiger ausersehen. Wie oft hingefallen? Garnicht, jedoch mindestens zehnmal hatte ein jeder sein Kamel »auf die Fußraste gelegt«, weil das Bremsbein zum Wiederherstellen der Balance seinen Posten verlassen hatte. Eine moderne Maschine hätte man bremshebelseitig geführt und vorwiegend die Stufenplumpser per Vorderradbremse reguliert. So hätte man sozusagen zu Fuß die 3 km lange Treppe in einer halben Stunde machen kön-

Stufen, aber ebenso auch eine Felsspalte auftauchen. Man glaubte, jeden Moment in den Abgrund zu stürzen, sobald nach einem großen Hopser unsere »Sinkgeschwindigkeit« etwas zunahm.

Die Dramatik spielte sich im Kopf ab – in Wirklichkeit hoppelten wir mit 6 km/h treppab. Dann kam ein etwas längerer Luftsprung des Hinterrades, und nun ging's mit 10 km/h talwärts. Was war das schon? Aber das Gehirn signalisierte Gefahr, und man fürchtete, hilflos mit 70 Sachen bergab zu brausen. Zu jenen Zeiten waren die Vorderradbremsen

Am URAL die Treppe

nen. Wir brauchten wahrscheinlich die dreifache Zeit, weil man sich in einer Position befand, in der mit viel Kraft wenig erzielt wurde.

Aber es gab noch eine Überraschung: vollauf beschäftigt mit den Hopsern der Kamele, wie ein Anfänger in der Tanzstunde, hatten wir einen Gemsenpfad im letzten Drittel der Steige übersehen. Er sah so unbedeutend aus... erst viel später wurde er breiter – wir mußten also wieder zurück, aber nunmehr bergauf treppeln! Viel einfacher! Wir schafften das Ungeheuer bergauf mit Schieben, also roher Armkraft zu zweit pro Maschine. Worüber es Abend und ein weiterer kostbarer Tag von unserer »Ration« durch Mumpitz verschmaddert wurde. Glücklicherweise entmutigt einen so etwas mehr beim Lesen als beim Erleiden.

Sonst wären wir schon wieder einmal stecken geblieben. – Das war eine der wenigen Nächte ohne »Hotel« und ohne Ziegenkäse-Abendbrot. Dicht an der Felswand mummelten wir uns ein – mit all den Säcken schien es ganz bequem, aber die wahre Güte des Quartiers ahnte man ab 2 Uhr morgens. Um 1/2 5 Uhr machten wir mit Tau im Gesicht ganz schön saure Mienen. »Sexé«, sagte Henry, »wenn ich Sie bloß fotografieren könnte, die Rosy würde schreien vor Lachen!«

VON OMSK HER

Die Kirgisen waren vergessen (schon ein paar hundert Kilometer alt), da trafen wir auf den Irtysch, einen kolossalen Nebenfluß des Ob. Doch kein Problem mit Brücken, denn da lag die Stadt Omsk an beiden Ufern ausgebreitet. Dieses Mal wurden wir nicht vom örtlichen Club erwartet, gehätschelt und herumgeführt und fanden es eigentlich ganz schön, allein eine Auberge zu finden, die Läden zu studieren und »lecher les vitrines«.

Der kräftige Gillet-Auspuffton machte uns aber doch bekannt, und zwei Motorradfahrer wichen nicht mehr von unserer Seite. Sie brachten uns auf eine Bitumenstraße längs der transsibirischen Eisenbahn. Mit der kühnen Behauptung, das wäre der beste Weg nach Barabinsk. Noch beim Schein einer Petroleumlampe im Hotel inspizierte ich mit Henry die Karte. Da war aber gar kein Weg, hingegen Grün mit Kreisen – also Sumpf! Natürlich lockte uns doch am anderen Morgen – es war schon der 25. Juli – die schöne Straße ... gerade fuhr ein langer Zug ein. Hier war Leben – Menschen – Tiere! Der »richtige Weg« hätte hinter einer verfallenen Werft begonnen. Da hat man ja auch kein Vertrauen! »Noch 100 Ka-emmchen,« jubelten wir glücklich auf der Straße ... dann verfiel sie plötzlich, und wahrhaftig endete sie in einem unübersehbaren Sumpf.

80 Meter weiter sahen wir die Bahnlinie liegen. Niemand fährt gern zurück. Alle Fahrer, glaube ich, machen den gleichen Fehler: ausbessern – aufholen – also vabanque spielen. Anstatt einzusehen, daß man ein Esel war. Weil wir nicht die anderthalb Stunden wieder Richtung Heimat auf der

so hervorragend guten Straße machen wollten, verputzten wir den Vormittag mit Versuchen, die Mühlen auf die Böschung zu bringen und zentimetergenau an den Schwellenenden vorbeizusegeln. Jedoch niemals zu tief in die Böschung herunter, wo sie so steil wurde; dann rollte das Kamel unhaltbar tiefer und tiefer bis ins Wasser. War dies einem von uns

passiert, dann wartete der andere, um zu sehen, ob er allein freikäme, d. h. wieder bis auf den Damm. Zeitlich bewertet war das also, als ob wir beide immerzu hinfielen.

Gegen 3 Uhr nachmittags kam auch noch der Express aus der entgegengesetzten Richtung (wo man ihn nicht beobachten konnte). Und ausgerechnet in diesem Moment war ein Rucksackriemen lose geworden und verhakte sich in einem Schienenstoß (die Schienen waren genagelt, wie in USA). Mit der Maschine, die umfallen wollte, und dem Hindernis, das ich nicht sah, verging Zeit, so daß der Lokführer schon anfing zu tuten ... im Vorbeifahren zeigte er uns den Vogel! Da kam Henry längsseits: »Haste gesehen? Nun hab ich schon wieder etwas Russisch gelernt!« Zweimal mußten wir noch von den Schwellen runter (welch Verkehr!). Es war ein Sondertransport eines Industrie-Behälters, der auf jeder Seite zwei Meter überstand, also keine Rede von ein bißchen zur Seite rücken. Wir mußten »runter« ... ins Wasser. Dieser Zug hielt an. Heraus sprangen zwei uniformierte Eisenbahner – seltener Fall – und sahen ernst aus. Hatten wir sie gehindert oder war es verboten? Na klar – es war verboten – wie bei uns ja auch, ohne Diskussion verboten, und wie! Die Eisenbahner haben Polizeigewalt! Und ich kann das

Kamel nicht stehen lassen, es fällt um! Na, nun sind sie gleich beim Pinguin (ich war 100 Meter zurück). Der eine schlägt ihm auf den Rücken, und der Pinguin schlägt zurück. Allmächtiger!

»Sexé«, ruft er, »komm her!« Ein alter Pariser – er hat auf dem Gare St. Lazare gearbeitet ... nein so etwas ... mitten in Sibirien! In Omsk hatten sie von zwei verrückten Motor-Weltwanderern gehört. Auch, daß sie die neue »Straße« benutzt hätten. Der Rest war Folgerung. »Und darauf einen Dujardin«, würde es in Allemagne heißen. Ja richtig, wo war denn die Wodkaflasche verstaut?

Na, zum Anprosten kam es nicht, die mußten weiter. Aber wir erhielten wenigstens in bestem Französisch Auskunft, wo wir ungefähr die Schwellenhopserei aufgeben und Richtung Südost zum alten »bewährten« Trakt zurückkehren könnten.

Auf diese Weise war die Dummheit von morgens durch etwas Schuften und Paddeln noch einigermaßen gut ausgegangen.

HENRYS BRIEF AN YVONNE
(in Los Angeles endlich abgesandt)

»... Wir schliefen fast immer bei Bauern, selten in festen Häusern, öfter in Hütten mit Kaminen – die meiste Zeit in Zelten mit Anbauten, oft erst in dem Moment entdeckt, in dem die Sonne gerade schon untergegangen war. Die guten Leute teilten ihr Abendbrot mit uns, und das war seit der polnischen Grenze Milch, Käse und Brot und als Variante Kartoffeln. Wo ein Kamin war, da gab es Bratkartoffeln. Die thronten in der Mitte des länglichen Tisches – der Gast saß vorteilhaft dicht an der Schüssel –, die weiblichen Hilfskräfte hingegen brauchten Arme großer Reichweite. Absolute Stille war de rigueur. Kennt er von den Mohammedanern, sagt Robert. Aber auf 7000 Kilometer nicht einen kleinen Schnaps – lache nicht, Yvonne, kann Dir auch mal passieren!

Die jedenfalls lachen nicht viel, höchstens vor Überraschung, wenn Dein Henry zaubern muß, zum Beispiel. Und das tat ich! Dinge verschwinden lassen und aus der Nase des Nächststehenden wieder hervorgezogen – na, Du weißt ja! Aber wozu? – Nehmen wir die Brücke bei Gjelbr als Beispiel: den halben Tag waren wir dem Fluß (Wjatka) gefolgt, um einen Übergang zu finden. Es war aber ein Nebenarm, und den vorausgesagten Dreiviertelkreis hatten wir beendet – weit und breit keine Brücke – an einer Stelle steckten im seichten Wasser Holzpflöcke. Ja, das war eine auseinandernehmbare Brücke! Die Bretter, eine besondere Kostbarkeit, nehmen die Siedler mit nach Hause. Und gebrauchen sie zum Stapeln ihres geernteten Tabaks! Na, als wir diese saisonabhängige Sachlage erkannten: wie nun die guten Leute dazu bringen, alles abzuräumen und die Anlegebrücke zu bauen?

Dein Henry! Die Tour mit den Geldstücken zuerst, wobei immer eine Münze bei jedem hacken bleibt – dann das Klapp-Portefeuille mit Mann und Frau im gleichen Hut – terrible! Und dann der Schnick-Schnack mit der heißen und der kalten Kerze. Um die Wahrheit zu gestehen: wir mußten noch jeden Genossen einmal rund ums Haus fahren, bis die ihre Bretter hergaben – und tatkräftige Hilfe dazu.

Beim Käsefestival war es meistens so dunkel, daß man nur ab und zu ein Auge vom dunkelroten Himmel beleuchtet sah. Dann kam die Verteilung der Schlafplätze um den Kamin – eine Zeremonie von Bedeutung im Winter. Normalerweise hätte man da gelegen und gesonnen, wer wohl der dunkle Haufen neben dir sein könnte, und ob es die Großmama sei, die so melodisch schnarchte – kein Problem für uns zwei. Die unmenschliche Müdigkeit überbrückte noch vieles andere – wir pennten wie hingemäht!

Morgens standen die Gastgeber verdammt früh auf – so zwischen 4 und 5 Uhr, aber sie ließen uns unsere Träume vom Place Clichy oder dem Park von St. Bénoît in Ruhe beenden. Nach der letzten Tasse Milch begann Robert mit der Bedankungs-Zeremonie und überreichte eine Schachtel Streichhölzer aus Moskau – Omsk usw. – sie wollten niemals auch nur eine Kopeke annehmen! – Ich war dann schon mit den beiden Maschinen beschäftigt: Kerze besichtigen und reinigen, Benzinzulauf, Titilateur, Kettendurchhang und Luftdruck regulieren ... mehr war nicht nötig! Jedoch am 12. des Monats, den ich Dir schildern muß, war das Überprüfen zu einer Bildhauerarbeit geworden (ausgerechnet, als die Sonne bereits um 6 Uhr morgens heizte wie ein Schweißbrenner!).

Unsere Räder waren versteinert. Nach einem Fahrtag in dickem, modellierfähigem Lehm hatten wir am Abend nicht mehr die Kraft gehabt, die Kruste abzukratzen. Ohnedies hatte der »Wirt des Zufalls« an diesem Tag knapp Trinkwasser und jedenfalls kein Licht. Auch der Mond war nicht

mit von der Partie ... das Milch-Brot-Käse-Diner hatten wir ausgeschlagen – so fertig waren wir gewesen ...
Knapp waren Vergaser und Zylin-

der von der Lehmhaut befreit, da kam Sexé mit unserem Wirt und seinen Frauen, mit denen wir sozusagen Backe an Backe geschlafen hatten. Sie wollten etwas für uns tun. Ich ließ sie die Ketten klopfen und bürsten und hob zwecks Drehens der Räder die Maschinen hoch. Dabei bereits lief mir der Schweiß in Bächen vom Kinn. Wie schön mußte es sein, jetzt in die Kühle des Hauses zurückzukehren – die drückenden, verdammten Lederstiefel auszuziehen und einen tiefen Zug Pernod zu schlürfen! MERDE – sagte ich mindestens fünfmal – erste Rebellion seit Omsk! gegen diese unmögliche Fahrt.

Kamerad Ivanowitsch hatte es ja prophezeit: erst bleibt Ihr nur drin kleben, dann kommt der heiße Sommerwind, und Ihr sintert aus als Motorrad-Denkmal: »Die kühnen Sibirienfahrer« ... paßt vors Rathaus von Omsk! – Ja, die Natur verleiht Kräfte oder, wie wir sagen: »on se fait la cerise«! – 40 Tage des Aufraffenmüssens hatten uns auf Erst-einmal-weitermachen trainiert. So wiederholte sich auch heute das tägliche Wunder: Kaum grummelte der Motor nach dem ersten Kick, so sprang man bereits vergnügt in den Sattel, oder vielmehr zwischen die Höcker des Kamels – die Proviantsäcke nämlich.

»Courage – der Motor zieht – mir scheint, daß ich geschickter bin als gestern ... he, Sexé, mit Schwung geht's ja viel besser! Man muß drüberwegschliddern!« ... Oder war das nur eine Täuschung? Es war eine: Robert verließ seine Rille (weil sie aufhörte) und fuhr in eine andere Lehmwurst knapp vor mir – da sah ich die ganze misère! Wie die erste Lehmschicht am Reifen immer dicker anschwoll – neue Batzen mitnahm – sie an der Gabel abstreifte, aber dennoch unaufhörlich im Durchmesser wuchs, bis der Lehmreifen nunmehr 28 x 4.00 an unserem so schön ausgedachten Flachschutzblech rieb und schließlich die Bewegung aufhörte.

Es war sinnlos, die Kupplung schleifen zu lassen und zwecklos, sich mit den Füßen abzustoßen – gegen was? Gegen Butter, gegen Teig? Jedenfalls waren wir um 10 Uhr immer noch in Rufweite des gastlichen Hofes. Beim Freikratzen mußte man vom Sattel aus beginnen, die überhängenden Lehmfladen abzuschneiden. Dann auf glitschenden Klumpen (unseren Füßen) stehend und die Maschine abstützend an Felgen und Ketten weitermachen. Grosso modo – denn 300 Meter weiter ging der Spaß wieder von vorn los! Dabei peilten wir den Horizont an, der am Morgen ganz nahe war, weil es bergauf ging. Und als wir endlich oben waren, wußten wir es: Lehm rückwärts bis zum gehabten Nachtasyl und Lehm vorwärts Richtung Baikalsee! Vergessen waren die grünen Mäander der Wolga und das viele Wasser, das uns ja auch Sorge bereitet hatte ...

Hier – und bis zum Ende der Welt bestand Sibirien aus Töpferlehm und braunem Erdboden. Und, verrückt genug, unser Trakt war noch erkenntlich: nämlich von Spuren zarten Grüns begrenzt. Darauf zu fahren hatte ich längst versucht – das war noch viel schlimmer. So stand bald der eine hier – der andere dort irgendwo in der Landschaft. Trotz der Entfernung, die uns trennte, konnte man an den herabhängenden Armen die Stimmung ablesen: reine Verzweiflung. Mein Hemd klebte klatschnaß an mir – die innere Uhr tröstete: es ist Mittag, nur darum ist es so heiß!

Aber – diese gleiche Hitze, so fiel mir dann ein, müßte doch auch diese verdammte Eierpampe trocknen helfen! Yes, Sir, das tat sie bereits: die Strecken zwischen zwei Abkratzpausen wurden länger – ein Kilometer statt 300 Schritte! Die Porzellansauce, das Böttcher-Steingut, trocknete. Wir kamen »voran« – wie wird man doch bescheiden ... und ebenso schnell wieder kess – kaum hörte die Ballonreifenbildung auf, wollten wir schon wieder aufdrehen – aufholen! Als um 6 Uhr ein Hotel (sprich Hütte) sich anbot, war unsere Absicht natürlich, die Chance auszunutzen – bloß weiter und weg aus dieser Alptraumgegend.
Fast ohne Kraft in den Armen, wie Automaten steuernd, trafen wir gegen 9.15 Uhr wieder Menschen und Zelte. Kühe muhten die fremden Götter auf den Donnerbolzen freundlich an – wieder Milch und Käse in Sicht! Was willste – besser als Lehm! Wir waren entronnen. Damit später nicht irgendwo gedruckt wird: »Niemals am Gelingen der Fahrt gezweifelt« schrieb ich mir auf eine Filmpackrückseite: 13. Juni – 26 echecs hoch 7. – falls jemals diese zwei sauren Tage in die unerforschlichen Tiefen des Unterbewußtseins stürzen sollten!
Robert wird niemals davon so ein Theater machen – aber so war's, Yvonne! Grüße Deine Mutter. Je t'embrasse tendrement ...«

Andrieux's Maschine hatte Halsschmerzen diesen Morgen – ganz heiser war sie ...
»Ich brauche einen Klotz zum Unterlegen ... Robert, sieh doch mal nach, was ›Klotz‹ heißt!« Mindestens zehn groß-behütete Naturkinder von 12 bis 62 Jahren standen wie eine Mauer um uns herum. »Klotz heißt ospüsor« ...
»Vielleicht spricht man es auch okrüs aus!« – »Das kann nicht stimmen, das heißt ja Club, weiß ich noch aus Moskau. – Ospüsorka wäre Plural. Ich will aber nur einen ...
»Mach doch 'ne Zeichnung in den Sand!« »Erogie«, meinte ich leichthin; »Erklärung dort im Sand« sollte das heißen. Aber das zündete nicht; die Skizze konnte – und wurde wohl auch – als Haus, Kiste und Koffer gedeutet werden.
So standen wir alle herum wie die Orgelpfeifen, und keiner war imstande, sich über die allgemeine Gelähmtheit, die alle befallen hatte, hinwegzusetzen. Henry nannte das: die Nullen haben die Oberhand gewonnen ...
Man wollte nicht verstehen? Nein, auch das ist unexakt ausgedrückt.

»Man« war eine »Menge«, die nur vorübergehend und zufällig alle ihre Instinkte der Dickfelligkeit miteinander vereint hatte. Es genügt ein Ulk – irgendwelcher

Zwischenfall – um einige von ihnen aus ihrer toten Rille herauszuboxen; und dann war der Bann gebrochen. Dann kehrte sich plötzlich die Indifferenz in überhandnehmende Hilfsbereitschaft um – und für den Pinguin wurden Klötze, Balken und Steinblöcke herangeschleppt ... Und als sie erst sahen, wozu dieses Material dienen sollte, hoben sie zu viert seine schwere Gillet in die Höhe, und er konnte in aller Seelenruhe den sogenannten Auspufftopf vom Rohr abziehen, das irgendein Stein gestern breitgequetscht hatte.

Wir hätten ja mehr Vokabeln lernen sollen; doch das war ja auch Theorie, denn – wie spricht man sie aus? Und sagen Sie doch bitte selber: diese Buchstaben OsbyøkR, scheinbar unser Alphabet, nur daß die R's und die B's und die Dreien alle zuviel Wodka getrunken hatten und deshalb verkehrt herum standen, und daß aus Griechenland – von Kaiser Constantin exportiert – soviel Pies und Tetas ins russische Alphabet eingedrungen waren!

Da lobe ich mir denn doch die Zeichensprache!

DIE WILDEN TIERE

Welcher Club uns auch immer empfangen und mit Reden, die uns erröten ließen, gefeiert hat – immer saß da auch jemand vom örtlichen Morgen- oder Abendblatt dabei ... seine Antennen auf uns gerichtet! Die eine Manie der Journalisten waren Fragen, die uns Fallen stellten – um Widerspruch zu erzeugen oder Gruseln und Dummheiten hervorzulocken, »um die menschliche Seite herauszuheben«, sagten sie.

Die andere Schrulle waren Fragen nach der größten Anstrengung, dem Moment der höchsten Verzweiflung – kurz, die Suche nach sensationellen Superlativen. Sie konnten natürlich nicht verstehen, daß wir gar keine Zeit gehabt hatten, um darüber nachzugrübeln und Ordnung in Zufall und Berechnung zu bringen ... Wir müssen eben immer eine passende Geschichte bereit haben, wurde mir eines Tages klar! 'ne Boy-scout story vielleicht? Im Freien zu übernachten war ein MUSS im Weltwanderleben – gefährliches, mindestens kärgliches Ausruhen bei Nacht nach der schweren, schweißtreibenden Arbeit am Tage. Die Wahrheit war, daß wir gern das beste Hotelzimmer am Orte genommen hätten (jedoch im Rußland der 26er Jahre HNTCEBO – zu deutsch – Sense!).

So lebten wir des Nachts ein Maulwurfsleben – tauchten für zehn Stunden in eine sauerstoffarme Gruft. Romantisch, das Parfum der verräucherten Bauernstuben: der Duft von schwelendem, nassem Holz und Mief ist die Formel. Wie in der Fabel sagte die Maulwurfsfrau zum Maulwurfsmann: Gib ihnen die beste Schlafstatt am Ofen, das gehört sich so (neben dem Pott mit dem Kochkäse!). Aber manchmal war es auch die schiere Angst, die uns in die Verliese der Herdwärme trieb, weniger vor den Bären oder Wildkätzchen als den häufigen Schlangen (manchmal von beachtlicher Länge).

»Sie haben das Pech, keine Beine zu besitzen, die Armen, und lieben die Wärme der Steinstraßen«, dachte das Landkind. »Und die der Betten, ich wäre schon bei der Berührung erstarrt«, sagte das Stadtkind ...

An einem Abend kurz hinter Krasnojarsk wurden wir durch ein Gewässer aufgehalten, das nicht so tief, wohl aber so breit wie die Wolga war ... und eine mondlose Nacht überraschte uns, als wir knapp hindurch waren. Nach »Gefühl« weiter zu holpern, würde zu teuer werden (Fußrasten abbrechen). – Ein Hügel versprach Trockenheit. So wurden die Kamele gegeneinander gelehnt, die Mäntel über Säcke als Kopfkissen gelegt, und nach dem letzten Bissen Weißkäse hätte man sich zusammenrollen können. Aber ich war nicht müde, nur ein kleines Stückchen Sumpf lag heute auf unserem Trakt, und dann pusselte Henry an seiner Kette, um ein verdribbeltes Stück zu ersetzen, und drittens stieg eine mante religieuse, mit den Kiefern kauend, auf einem Halm vor meiner Nase auf und ab ...

Ich wurde schläfrig davon – träumte aber von etwas anderem: ich fuhr noch immer durch den Nebenarm der Usolka – unsere eintauchenden Schwungscheiben sprühten das Wasser bis zur Höhe eines Kirchturmes, dessen Glocken Sturm läuteten. Davon wachte ich auf ... in respektvoller Entfernung von zehn Metern stand eine Schakalfamilie – Henry schnarchte. Die Mauser 6,35, von unseren Moskauer Freunden mit soviel Listen besorgt, steckte zehn Meter weiter in meiner verschnürten Lederjacke! Aber schlimmer: die Patronen dazu waren in Henrys Werkzeugbündel unterm Sattel seines Kamels festgezurrt. Wir Salon-Pazifisten, wir sind doch wirklich Flaschen, dachte ich. Und der größte Rüde streckte bejahend die Schnauze mondwärts. Fast gleichzeitig fielen die anderen in sein Gejaule ein. Da fuhr der Pinguin mit einem Karatesprung hoch . . . im Nu hatte er verstanden und das beste Hausmittel zur Hand . . . er klatschte mit seinen Riesenpranken und stieß den YAU-Angriffsschrei hervor, so laut, daß einem das Blut in den Adern gerinnen konnte. Die wilden Bestien drehten sich dann auch so schnell auf der Stelle um, daß sie übereinander stolperten und trabten in wilder Flucht von dannen . . . sie rasten bellend bis ins nahe Wasser . . . schlapp . . . schlapp . . . hörte man das beschleunigte Tempo!

Und nach diesem Sieg schliefen wir beruhigt sofort wieder weiter.

DER FÜRST

Und der Ritt durch die Steppe ging weiter...

Als wir einen Moment anhielten, um den gelockerten Ersatzreifen von Kamel II festzuzurren, hörten wir Hufgetrappel. Gerade in unserer Marschrichtung schwankten drei spitze Kaffeewärmer in dem mannshohen Gras auf und ab. Dann erkannte man darunter bärtige Gesichter. Es waren drei Reiter auf weißen Pferden... jener Spezies, die auf dem Pferde geboren werden. Wegen der heftigen Steigung kamen sie im Schritttempo heran – die Pferde schnaubten freundlich, aber mit weitaufgerissenen Augen, weil wir die Motoren nicht gleich abgestellt hatten. Salut, sagte ich auf russisch . . . aber mehr wußte ich auch nicht, was hätte passen können... Die Reiter beäugten unsere Monturen mit höchstem Interesse. Henry übernahm die Erläuterungen in seiner gestenreichen Sprache. Die Pferde grasten – in sicherer Entfernung – wegen seiner Hände, die in der Luft herumfuhrwerkten: das sollte unseren Weg durch den Oypav bedeuten . . . von Mockba aus. Beide Worte malte er in den Sand und zeigte

dann nach Osten. »Verstehen«, nickten die drei, »das V steht verkehrt rum, das macht nichts, wir verstehen – aber Ihr? Wo Kopf hinlegen? Wo? Nirgends Platz ... Ihr zwei – zu uns ... schlafen ... verstanden?« – Sehr gerne verstanden, Ihr Fürsten aus dem Morgenland!

War es nicht bald ein Spiel der Routine? Dieses so verdammt zufällige und peinlich regelmäßige »Finden« eines Nachtquartiers – konnte man es erklären? Die Herbergsväter – in jedem steckte etwas vom barmherzigen Samariter. Die Verführer – zwei große und sicher harmlose Kinder, die wie Pech und Schwefel an ihre unmögliche Reise glaubten ... und der Reiz der Sensation, daß diese Kreuzritter auf Feuerrössern genau hier an diesem gottverlassenen Ort abzusteigen geruhten ...

Alsdann auf nach Samarkov – die Reiter trabten voran. Wir ließen genügend Abstand, damit das blecherne Zweitaktgeschepper die edlen Zossen nicht zu sehr aufregte. Die »stiegen« allerdings trotzdem oder keilten aus ... eine Gelegenheit mehr für die Kameraden, ihre Kunst, ein Pferd zu zügeln, zu zeigen. Als wir zum Camp hereinrollten, jagten weitere 20 Pferde zu Tode erschreckt im Kreise herum, und in einem Kraal, der zu einem zweiten Zelt gehörte, steckten sie auch beunruhigt die Köpfe heraus, obgleich wir schleunigst die Motoren abstellten und nur mit dem Schwung rollten. Selbst als Fußgänger waren wir den Tieren noch höchst verdächtig.

Mehr und mehr Personen waren inzwischen um uns versammelt. Man musterte sich gegenseitig eingehend. Es schiene eine einzige große Familie zu sein, denn sie sähen sich alle ähnlich, meinte Henry ... besonders die Mädels. Seine Worte in einer fremden Sprache lösten das Schweigen. Alle sprachen gleichzeitig und stellten Fragen. In unseren Ohren klang es ganz besonders fremd – es war sicher nicht russisch. – Wir wurden in das große Zelt gebeten. Es war durch Lampen und Kerzen hell erleuchtet ... Aladins Höhle? Prächtige, farbenfreudige Decken waren über einen langen Tisch gebreitet, der reich mit Früchten und Gemüse auf geflochtenen Platten garniert war. In einer Ecke hantierten festlich geschmückte und aufgeregte Mädchen mit messinggetriebenen Tellern und Bechern ... für sie war der Abend ein unerhofftes Glück. Wir saßen zu fünft auf großen Lederkissen – in der Mitte der Chef auf einer Art Thron, der »Sprecher« der drei Reiter von heute nachmittag. Goldgelb war der Brombeerwein – aber stark zum Verschlucken! Während ich davon nippte und zusagende Gesten machte, waren die anderen längst fertig, und die nächste Runde kam! Ich zeigte wieder auf mein Glas und machte: hmm, wunderbar ... noch eine Runde gluckerte in die Becher. – »Robert«, raunte mir der Pinguin mit unbeweglichem Gesicht zu, »mir ist's ja egal, wenn wir bald vom Kissen runterfallen, aber solange Sie das Gesöff loben, wird eben eingeschenkt« ... »und solange wir so gesprächig wie die Baumstumpen sind«, setzte ich hinzu. Daraufhin attackierte Henry seinen Nachbarn mit einer Mixtur von Französisch und mit seinen aufgesammelten 50 Worten in Russisch. Ich wandte mich, um die Stummfilmscene zu veredeln, in Englisch und Deutsch an meine Nachbarn. Das gab nur Gelächter! Dann versuchte es der Gastgeber mit Lateinisch – das hatte ich ja einmal pauken müssen, aber nie geliebt, und trotzdem entspannte uns dieses Gesuche nach dem fehlenden Wort – wir hatten etwas zu lachen, und während ich noch herumrätselte, standen sie auf und deuteten zur Tür.

Nun war bei mir der Groschen gefallen – endlich – wir sollten der Familie vorgestellt werden. Die stand schon die ganze Zeit, aufgereiht wie die Soldaten, vor der Tür! Da gab es also die Omama, ganz zerknittert, aber mit ungeheuer liebem Gesichtsausdruck, die Chefin mit einer Theaterperlenbluse und viel Geklunker an den Händen, vier Söhne, alle gleich schön und abruffertig für den nächsten Western, und schließlich vier Mädels, spindeldürr, aber flott mit selbstgestricktem Schmuck behängt ... eine lustige Familie.

Nun wurde es gemütlich: anstatt die Schüsseln herumzureichen, wechselte man die Plätze ... ohnehin erschienen uns die Fleischstücke und das in Wasser gekochte Gemüse von Meisterhand zubereitet zu sein (oder lag es an der erlittenen Diät von 30 Tagen mit nur Milch und Käse?). Selbst die grünen Äpfel, steinhart wie Kartoffeln, schnurpsten wir mit Genuß ... es blieb nichts übrig. War das fein oder unfein? Die Hausherrin flüsterte mir etwas Bedeutendes zu – eine Überraschung sicherlich. Ein Odaliskentanz – eine Solopartie – ein speech? Nein – die Becher ! ! ! Diesmal wurden sie ordentlich voll gemacht – und was darin war ... dagegen waren die Anfangsrunden einfaches Himbeerwasser. Es zündete ohne Zeitverzug bei Henry. Der begann mit seinen verdammten Zauberkunststücken ... ließ ein As verschwinden und zog es, ohne sich zu genieren, der obersten Hofdame aus dem Busenausschnitt – wirbelte andere in der Luft herum, bis es immer weniger wurden und holte sie unter den Sitzen der weiblichen Personen hervor.

Der Trick mit dem Busen wurde nochmals verlangt. »Jetzt habe ich aber keine Karten mehr, laßt uns singen.« Und wir intonierten Alouette, gentille Alouette – je te couperai le cou ... großer Erfolg. Nun wachten unsere Gastgeber auf und sangen ein melancholisches Lied mit vielen Strophen, in dem wir den Charme der herben Schönheit der Steppe zu empfinden glaubten ... danach tauchten kugelförmige Mandolinen auf, und es wurden Tänze gezirpt. Henry, stets auf der Bresche, wenn's ums Tanzen geht, mußte einsehen, daß die fünf Becher Feuerwasser nicht spurlos an ihm vorüber gegangen waren – und damit ebbte das große Fest langsam, jedoch würdevoll ab.

Die Mädchen bereiteten unsere Schlafstätten mit vielen Teppichen übereinander. Henry hilft eifrigst. »Tatsche bloß die Girls nicht so viel an«, murmelte ich warnend. »Ach«, sagte er, »guck Dir bloß diesen süßen Popo an!« Le cochon!

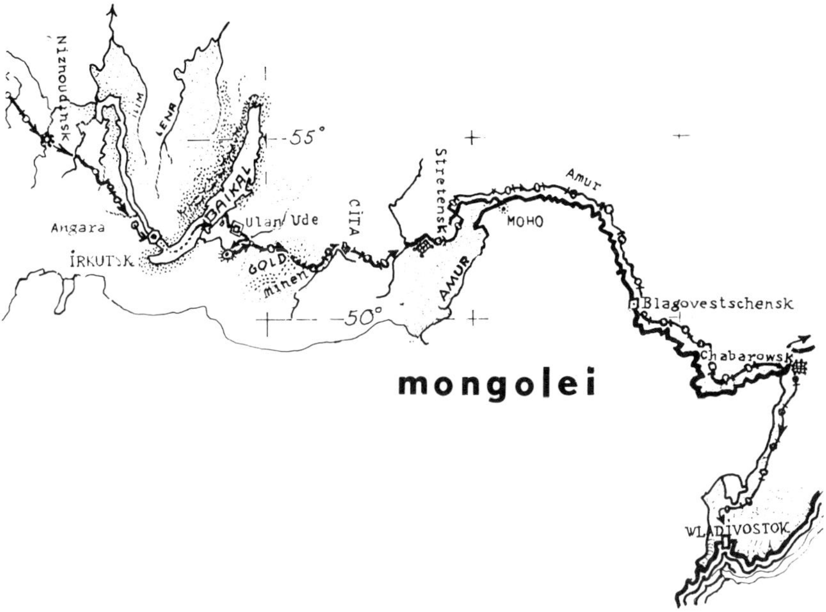

DIE 1200 FISCHE DES BAIKAL-SEES

4570 km seit Moskau, las ich laut von meinem Tachometer ab, dessen Pese wir absichtlich erst in der Sowjet-Hauptstadt angeschraubt hatten. Natürlich war er nicht superexakt, denn er zeigte wegen der großen Räder zu wenig an.

Zwei kleinere Flüsse, Irkout und Uschakowka, sowie ein breiter, die Angara, umzingelten Irkutsk, das uns mit einer ganz europäischen Hauptstraße grüßte. Beim Anblick eines großen Restaurants überkamen uns kulinarische Gelüste. Wir bestellten Fisch, weil die anderen auch alle Fisch aßen ... »Fisch? Wir haben heute nur 14 verschiedene Sorten.« Und wenn es uns interessieren sollte: im Baikal See lebten 1200 spezies, die es sonst nirgendwo auf der Welt geben solle. Bevor wir unsere köstlichen

Forellen mit blauen Flecken und drei Paar Bauchflossen erhielten, wurden wir noch weiter aufgeklärt, daß der kleine Teich vor uns nur ein Nebenarm des richtigen Baikal Sees sei und daß dieser Tiefen bis 1,7 km aufweise.

Aber die Exklusivität der Baikal-Fischlein ließ mich unsere Generalstabskarte herausholen (1:12 Millionen), und anstatt genußvoll zu essen, entfachte ich damit eine Diskussion, ob die Fische des nördlichen Polarkreises, Ja oder NEIN, den Jenessei hochschwimmen könnten? Das ganze Restaurant nahm teil. Wir zwei verfluchten Ausländer und »unser« Kellner contra 20 Personen. Die Ehre der Provinz stand auf dem Spiel. Was so manche Gäste – besonders zwei alte Herren – sagten, wurde uns vorsichtshalber nicht übersetzt, jedoch konnte ein Kind ihre wütenden Gesten auslegen. Bevor es aber zu einem politischen Zwischenfall kam, ließ ich bestellen (per Übersetzer), daß wir ihr schönes Land, wo wir nur hilfsbereite Menschen wie nirgends sonst getroffen hätten – erst ganz langsam kennen lernten und am wenigsten etwas über feststehende Tatsachen wissen könnten ...

Nach kurzer Stille schlug die »öffentliche Meinung« über die Motorrad-Zigeuner ins krasse Gegenteil um: der Genosse Ober brachte uns zwei Slibowitze auf einem Silbertablett. Ich schaute mich in der Runde um – die beiden Weißhaarigen prosteten uns zu! Zu irgendeiner Revanche kamen wir nicht, denn es folgte nasdrovie auf nasdrovie ... auch das ist Welttour – hochoktanige Kraftstoffe.

Die schöne, blaugold gesprenkelte Forelle blieb unberührt – es war ja ein Stilleben – zu schön, um zerstört zu werden, wie einst schon Menzel sagte ...

TAGTRAUM ...

Es scheint Tag zu sein – jedenfalls höre ich Zwitschern – meine Augen messen die Helligkeit. Im Grau von Nebel erkenne ich, daß der Kamin fehlte – ebenso wie die Felle davor und die kupfernen Kessel ... stattdessen stehen hier geflochtene Möbel herum, wie zuhause bei Mama stehen Halbportraits in ovalem Rahmen Wache ... ach, es ist ein Traum!

Doch auf einer langen Truhe liegen die Satteltaschen, Lederjacken, Nierengürtel, Kerzenschlüssel. Wem anderen als mir sollten die Schnürstiefel mit den Sorgenfalten gehören? Der breite Fleck auf dem Hemd ist die Landkarte – ein Abdruck durch den ewigen Regen. Wir waren wieder einer Lehmpastete entgangen! Der Trakt endete im Sand, den der übergetretene Uda zurückgelassen hatte. Wir mußten in den weicheren Partien schieben – noch dazu ohne rechte Überzeugung, denn es war ja weit und breit keine Brücke zu sehen. Der gelbe Sand reflektierte die Sonnenstrahlen grausam, der Kompaß war nicht einverstanden. Wie falsch es war, übersah man am Nachmittag – wir mußten zurück. Manchmal zu zweit eine Maschine schiebend und dann wieder die andere. Nach dem knurrendem Magen war es bereits spät, als uns Bauern nach Norden wiesen. Erst da bog das sandige Ufer in »unsere« Richtung, nach Osten.

Schließlich kam ein Gehöft mit Wegen aus Holzbrettern. Ich ahnte nicht deren absolute Notwendigkeit und versank der Länge nach mit meinem Kamel in der Pampe dazwischen ... Mitleid erweckendes Spektakel! Die guten Leute besaßen eine Art Floßboot, das in solch seichtem Wasser wie diesem Nebenarm Lasten tragen konnte. Den Dienst versahen zwei holzfarbene Knaben. Per Planke schoben wir beide Maschinen rauf – mit zuviel Verve! Henry wollte den einen Knaben vor dem Wasserbad retten oder dieser ihn ... doch wie wunderbar sind diese Menschen – sie lachten sich darüber kaputt und lachten immer noch, bis sie trocken waren!

Mir kamen leise Zweifel: was war im Wasser liegen geblieben? Jedenfalls nicht meine schlechte Laune, auch nicht der Hunger! ... Auch diese freundlichen Helfer wollten kein Geld – aber ein bißchen fahren – hinten drauf! Wunderbar – für's Leben infiziert! Die träumen nun von einem Motorrad – 'ner Gillet, versteht sich! Ich brütete über ein paar Notizen auf Einwickelpapier (das auf der nächsten Eisenbahnbrücke davonflog). Nach der Fahrschule zeigte der Pinguin auf seinen offenen Mund. »Ach, Hunger, ja, kommt zurück!« Wir ließen die Kamele gegeneinandergelehnt am Ufer und stakten wieder zurück ... die Camembert-Variante natürlich, aber dieses Mal jedenfalls deliziös!

Wenn auch absolut keine Spur eines Traktes erkenntlich war, so kamen wir doch schließlich nach Udinsk, in eine phantastische Stadt mit chinesischen Läden und Wesen unter den breitrandigen und spitzen Hüten. Ist da jemand drunter? Und was, Frau oder Mann – jedenfalls in blauen und gelben Seidenhosen. Blau und rot überwogen auf der Straße – in den Geschäften Goldlackmöbel – (klick machte es da bei mir!). Und es gab weiße Pferde in Ponygröße.

Auf der Hauptstraße blieb mein Motor stehen, aber Henrys Motor tat noch. Unverzüglich gab es eine kleine Zaubervorstellung à la Andrieux. Houdini zeigte die Kerze: »Ist heiß, faßt sie an« und mit dem größten Vergnügen und ohne Zögern verbrannten sich die Umstehenden die Finger. Dann pustete der Meister drauf und schraubte sie rein – ein Zauberspruch und ein Tritt ... es donnerte – Musik für uns!

Einer nickt: wo Kraft ist, muß es auch donnern! »Wir hätten kassieren können« meint der Pinguin. »Vielleicht müssen wir es noch mal, wenn uns jemand den Gürtel klaut – da sind nämlich die Piepen drin.«

HITZE

Seitdem wir das Puff-Puffboot am Ufer des Baikal-Meeres zurückgelassen hatten, herrschte eine Brutofen-Hitze. Ihr wißt ja, wie schön es ist, vom warmen Fahrwind gestreichelt zu werden ... ja, gewiß bei 80 km/h! Doch hier war wieder Gelände-Tournier dran, so hart wie im Ural einst ... wie lange war das her? Nur 15 Tage! Die Steppe brannte hinter uns, so schien es. An jeder mannshohen Bodenwelle amüsierte uns die Änderung der heißen Luft mit magischen Experimenten: wo die hügelwärts fliehenden Luftmassen auf die stehenden trafen, wurde ein Stein zur Hütte breitgezogen und kleine Wurzeln zum Stamm eines Baumes ... aber diese Gebilde des Helldunkelfeldes konnten uns nicht täuschen – und auch nicht trösten. Schon nach einer Stunde »stoß mich – schieb Dich-Galopp« seit dem 200-Seelen-Hafen Anchoi hatte jeder seine Thermosflasche geleert. Kleine Schlückchen berechnend nippen? Nein, saugen wie ein Pferd wollte man, wenn je ein Bächlein kam, denn hier war's ja bergig, also rinnsalträchtig (oft viel zu bergig für den ersten Gang mit dem größten Zahnkranz hinten!) – dann schlürften wir langliegend wie die Tiere das lauwarme Wasser. Aber wenn man dann wieder aufstand, überfiel einen die Glut des breiten Tales wie eine dichte Wolke – unsere weißen Hemden klebten grau am Körper, und der Sattel dampfte förmlich; der Lenker schien zu glühen, die Gummigriffe waren weich und hatten die Form der verkrampften Finger angenommen. Aber viel schlimmer: die Luft war kaum zu atmen, und alle Kraft hatte uns verlassen. Mit der List eines Kindes, das einen mächtigen Rappen besteigen will, schwangen wir uns in den Sattel, ohne den Turm hinten zu berühren.

Das Wegstemmen aus der Schräglage der abgestellten Maschine ... die ersten zu Beton erstarrten Fahrrillen ... welche Arbeit, bis das Roß endlich geradeaus balancierte. Und so liefen wir unbeholfen, zögernd und erschöpft in Ulan Ude ein. Auf der Selenga schwammen Dschunken, die Restaurants waren chinesisch, wie auch die Hälfte der Bevölkerung. Schatten war im Moment das Schönste (und der kalte Tee). Wir gingen sofort ins Bett, ließen uns aber um 4 Uhr morgens wecken.

Die Sonne hatte anscheinend noch vor, die Bäche, Ströme und Seen völlig auszutrocknen, aber in der angenehmen Morgenluft kamen wir flott bis Petrowsk. Die Berge wurden nun gebieterisch und die Steigungen auch. Man fühlte längs des Khilok-Flusses schon, wie die »Heizung wieder angestellt wurde«. Sobald der Weg hügelig wurde, flimmerte der Boden – unsere Augen schmerzten, denn Staub lag in der Luft. Hinter Khilok (mit Holzkirche und blauen Zwiebeln) stieg der Weg unvermutet steil an. Kupplungsschleifen half nichts, wir mußten – nebenbei halbnackt – die Kamele zu zweit hochführen. Und als es am heißesten war, war der Weg auch noch sandig . . . schlecht für die Motoren!

Es gab sogar eine Brücke über den Khilok – wie ein vergammeltes altes Sofa sah sie aus. An der Seite, wo ich führte, brach sie denn auch ein ... ohne Bedeutung! Ein erfrischendes Bad mehr, eher angenehm als ärgerlich! Ein Wind hatte sich aufgemacht, und so war's schließlich in einer dichten

Staubwolke, daß wir in Tchita ankamen. Hatten wir uns verirrt? Die »Haupt«straße ging in Treppenstufen – alle Meter eine – bergab in die Stadt und weiter quer und kreuz und auf und ab – niemals parallel – keinesfalls rechtwinklig. Um Gottes Willen zusammenbleiben, war die Devise. Ein Ameisenbau (ohne Ameisen) war dieses Tchita.

Den wirklichen, rätselhaften Charakter der Stadt erkannten wir erst am anderen Morgen, als wir nur Treppen als Straßen in Richtung Osten (Stretensk) entdeckten. Sehr komisch – lach lauter, Genosse!

Ein wohlbepacktes Motorrad die Treppen bergauf mit sechs Hilfs-PS bei nur 1:13 Übersetzung zu schieben ... auch das muß man einmal im Leben gemacht haben. Es war deprimierend, wenn der Weg überraschend im Hof eines Hauses endete, was zweimal passierte, bevor es 1/2 10 wurde (seit 4.30 Uhr waren wir auf den Beinen). Tchita am Ingoda ... oder Cita ... charmante Treppenstadt. Was haben wir geflucht! Bei dieser geografischen Bergstadt-Erforschung trafen wir auf ein altes Fiat-Automobil ... Ah, Fußgänger können keinen Weg beschreiben – überall auf der Welt ist das so – aber sicher der Chauffeur dieses flotten Touring-Viersitzers. Ich bot ihm einen grünen Fünfer an – er kannte Dollars! Von den Goldgräbern vor der Stadt. Die Ausgabe und der Lotse lohnten

Tchita: Wo geht's raus?

sich, denn der richtige (und einzige!) Weg aus der Stadt heraus und in Richtung Stretensk führte in Serpentinen mit einem Dutzend Abzweigungen ... wir säßen heute noch in Cita ...

Sand, Berge und glühende Hitze erwarteten uns am Ausgang der

Stadt, aber wir waren doch schon etwas »tropenfester« geworden. So trugen wir Kappen mit seitlichen Lappen, die man ins Wasser tunkt, bevor es losgeht – die Sonnenbrillen waren wiedergefunden worden ... Nach guten 30 km hörte plötzlich der Weg auf – wir standen am Rande eines Bombentrichterfeldes; unsere Motoren liefen im Acht-Takt bang-bong-bang-Leerlauf. Das schien zwei Mongolen zu stören. Sie tauchten aus dem Spitztrichter ihres Mondkraters auf und fragten: »Stretensk?« – Wir hatten Glück: nur fünf von den vielen »Bergwerken« lagen in unserer Fahrtrichtung.

Wie man weiß, häuft sich Sand beim Buddeln im Winkel von 45 Grad an. Diese 45 hieß es gerade runter und mit dem erreichten Elan den anderen Rand wieder hochflitzen, was auch bei Nr. 5 vorzüglich gelang. Bei den anderen Maulwurfshügeln wechselte Pech mit Glück: in Nr. 1 fiel ausgerechnet mein Kamel kopfüber bis in den weichen Grund und zerschmetterte eine Bank und einen Holztisch der Arbeiter. Glück: wir waren vier zum Herauszerren ... und außerdem lockte der Krach, den wir und der Motor machten, Neugierige herbei, die zum Helfen beordert wurden.

»Sind vielleicht längst Millionäre und haben es garnicht nötig«, meinte Henry beim Verpusten nach der letzten Schiebung. »Ach was, Millionäre bekommen alles fertig – sie sammeln sogar Spenden für den Tierschutzverein. Ich denke vielmehr, die waschen Gold für Väterchen Lenin ... auf jeden Fall liegt hier sozusagen ein Drehbuch für Hollywood herum: Goldgräber – staatlich angestellt – um 6 Uhr ist Feierabend. Im einzigen Auto rast man zu zwölft in die Stadt. Nirgendwo ist Stacheldraht gespannt, und nur ein Soldat bewacht die Mine – es gibt Sand, viel Sand statt Gefängnismauern« ...

Trotz der Hilfe waren wir am letzten Krater vollkommen erschöpft ... aber da lag der Weg vor uns! Das an diesem Tag am häufigsten gebrauchte Wort war »merde«. Und wir kamen doch noch nach Stretensk! Eine liebliche, kleine Hafenstadt – es sah plötzlich aus wie am Rhein bei Koblenz. Die bergigen und sehr hohen Ufer gingen bis dicht an den Fluß. Es war die Shilka, und dort wartete eine lange Reihe von Dampfern aufs Be- und Entladen. Und auf uns ebenfalls, denn der Weg war hier zu Ende. Dem hatten sich die New York-Paris-Fahrer auch beugen müssen – oder die Mandschurei benutzen.

DER FLUSS WAR DIE GRENZE

Von unserer Höhe konnten wir dank der wassergesättigten Luft Hulin und Chanta-See jenseits der unsichtbaren Grenze sehen. Was wir als wichtigste Agglomeration kennen lernten (in der Schule) hieß Harbin (heute Pinkiang). Soldaten oder Bauern, alle gleich in Fellhemden (oder nannten sie es vielleicht gar Jacken?) verkleidet und durch den hohen Röhrenhut auf

weite Entfernung erkennbar, kamen selten über den Strom.
Offiziell spielten sie Krieg mit der Union. Je nach Charakter der Akteure fanden Zielschießen auf Boote oder ganz selten Überfälle auf die kaum seßhaften Farmer dieser Gegend statt. Sowas macht Spaß ... allein wir Hypokriten von Europäern sagen es nicht laut, noch drukken wir es schwarz auf weiß. Aber kurz vor einem Dorf mit tempelartigen Dächern stand diese Tafel

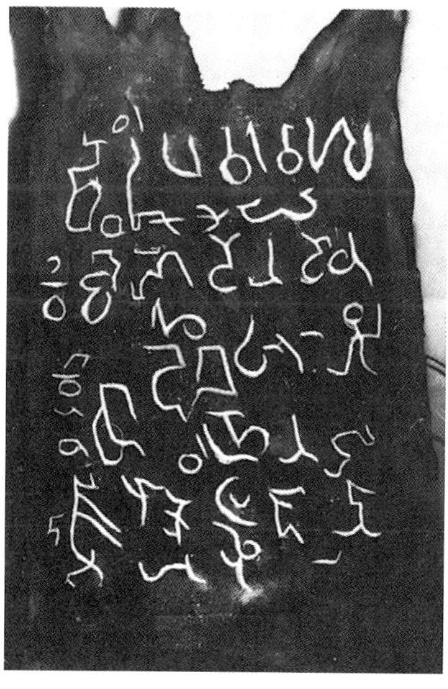

am Rande des Weges. Vielleicht bedeuteten die Runen 12 Meilen bis Iman – Provinz Primorje – Sichota – Alin, oder auch einfach: »Das Betreten des Geländes geschieht auf eigene Gefahr«... Solche Unfreundlichkeiten paßten am besten zum Lammfellknaben, der sie vorm Fotografieren schützen oder mit aufgenommen werden wollte... er deutete vorwiegend auf die Dietriche oben links, nickte wild mit dem Kopf (Naturkinder verstehen sich immer), na und? Denken Sie nicht, daß wir Sie mit den Erklärungen der Experten langweilen wollen. Die schwafelten über den russischen Einfluß und das chinesische Erbgut darin.

Ja, die studierten Leute merken aber auch alles!

SCHÜSSE IN DER NACHT ...

Wir gingen sofort an Bord, schon allein aus Neugier. Ein kleines Kajütenhaus mittschiffs erschien uns ungeheuer gemütlich, und es war mit einem Klavier ausgestattet – die Schlafkojen tiefer unten im ØkZObR waren ein bißchen sparsam bemessen, umso luxuriöser wurden unsere Motorräder verstaut. Sie bildeten eine Attraktion während der 1000 km langen Reise auf der Ingoda und dem Amur. Mitten in der Nacht war das Schiff vollgeladen, und sofort legte der 40 Meter lange Dampfprahm (jede Minute kostet Geld!) ab.

Wir saßen noch lange an der Reling auf Sandsäcken, obgleich es nicht viel zu sehen gab – die Nacht war mondlos und Stretensk kaum 4 km lang... doch das Schiff kam uns vor wie eine Heimat, die man endlich wiedersieht, und wo man nicht gleich wieder herausgeschmissen wird... wo es bequeme Sessel gab statt harter Sättel und man mal in Ruhe die letzten Wochen an Hand der Karten überschauen konnte. Der Flügel eignete sich gut dafür ... gab Platz auch für die vielen Notizzettel, die sich seit Moskau angehäuft hatten...

Mit Wladimir als Beginn der »Expedition« mußte die Liste anfangen.

»Begleitung durch die Getreuen vom Charkow-Moskau Wettbewerb... Reliquie aus dem 12. Jahrhundert »Das goldene Tor«, Kirche mit Vögeln und Pflanzen im Halbrelief (vergoldet)... wacklige Brücke über die Nerle. Nischni-Nowgorod – jetzt Gorki. Riesenwandgemälde von 18 Metern von anno 1026. Regen – Lehm bis an den Horizont. Gorki heißt: bitter – so war der Sumpf. Von 5,30 bis 19 Uhr ist »Arbeitszeit« – Typ unseres »Weges«: Abenteuer mit höchst zweifelhaftem Ausgang. Wassili Sursk: die Wolga trat über – schieben bis zum Umfallen ... Kazan: Mohammed und Christentum – hier Peter und Paul Kirche – gegenüber Moschee von Mardjani

(1766), beide mit Zwiebeldach! Abends im Kazan-Motoclub. Gesprächsthema Vladimir Ouljanov (Lenin) und der imperfekte Zweitaktmotor. »Wir Kazaner haben eine Straßenbahn!« Perm ... fast alle Nächte bei Bauern. Käse und Brot wird Einheitsnahrung – unterwegs der Nachtisch: Himbeeren überreif und Brombeeren unreif. Tartarendörfer – Fähren anstatt Brücken über Wolga, Kama, Dobranka. Ural mit dem Treppenweg – Fahrt im Riesengras und durch Riesenflechten ... Kirgisen. Tjumen: noch ein Fluß ohne Brükken: Irtysh. Fichtenwälder von morgens bis zur Dunkelheit. Omsk – irregeleitet – wieder Sumpf.

In Barabinsk landen die Berlin-Peking-Flieger auf Junkersmaschinen – der Horizont ist voller Benzin-Zisternen ...

In diesem Moment kam der angestellte Belustiger hereingestürzt, klappte meinen Kartentisch, d. h. seinen Flügel auf und paukte mit der Routine von 30 Jahren Dampferpianistenleben ein Stück von Tschaikowski herunter. Nach dieser nächtlichen Stille ... ein Sturm von Tönen. Und dann klatschte es an verschiedenen Stellen gegen die Bordwand, ja gegen unsere Kajüte, und dann hörte man es knallen. Schüsse – kein Zweifel! Nun war der Sinn der Sandsäcke an der rechten – der mongolischen – Schiffsseite klar: Schutz für die Passagiere – genau wie der plötzliche künstlerische Ausbruch der Hauskapelle als moralische Stütze für die Reisenden – fünf im ganzen – gedacht war. Das Übungsschießen sei nicht schlimm, beruhigte uns der Kapitän, denn sie hätten wenig Munition und müßten sehr sparsam sein ... uns beruhigte es aber noch mehr, daß der Fluß eine gediegene Breite hatte – jedenfalls waren wir eingeweiht.

Der Klavierspieler überließ mir wieder den Platz für die Karten und Notizen. Es trat Stille ein wie zuvor, nur die Zweizylinder-Dampfmaschine mumpfte ganz diskret. Ich schrieb weiter im Text: »Aus den Wäldern tauchte Nowo Sibirsk (Tomsk) auf, 2970 km von Moskau entfernt. Motorkontrolle bei Aftopromtorg; Zylinder Superfinish! Die (Stahl) Kolben ebenfalls! ...

Großstadt mit Schwerindustrie (Gießereien). Über Achinsk und Krasnojarsk am breiten Jenessei durch Myriaden von Mücken und Schmetterlingen mit gardinenverhängtem Gesicht Richtung Angara. Irkutsk – der Dampfer über den Baikal: ausverkauft! Nehmen Prahm mit Motorboot ... und dann folgt die »Gegenwart« – mit Schüssen. Das hatten wir noch nicht gehabt.

Ja, das war alles! Weg mit den unordentlichen Zetteln – eine Liste genügt ... gehen wir zu Bett, morgen ist auch noch ein Tag ... vielleicht diesmal mit Rimsky Korsakoff als Begleitung für das Zielschießen? Ach, die blaue Donau würde auch genügen, dann könnten wir wenigstens mitsingen. Und indessen gleitet unser Schiff langsam aber sicher mit 12 km/h Strömung flußabwärts Richtung Amur-Fluß und der Stadt Blagowescensk dahin ... es macht 360 km am Tag ... eine seriöse Konkurrenz, nichtwahr?

BEI FEINEN LEUTEN

Da saßen wir auf der Terrasse des Cafés in Wladi, wie die Gauner, die einen Tresor geknackt hatten, in eleganten, brandneuen Hemden und blankgewichsten Stiefeln und Hosen ... Alles für mein Geld – der Pinguin faltete lässig seine Zeitung zusammen (von der wir aber noch nicht einmal den Titel deuten konnten). Ein Nachbar mit Haltung und Miene des pensionierten Offiziers hielt uns für wichtige Personen und brachte uns zum Kameraden Gouverneur. Der war noch »altes Modell«, wie auch sein Haus mit Rohrgeflechtstühlen und Bedienten in schamloser Menge. Es war gerade eine Party mit Torte (zu deutsch Buttercreme in drei Stockwerken) im Gange. Sehr charmante Mädchen boten sie an, aber die Hausfrau wußte mit uns nichts anzufangen (ihr mari war garnicht da), und so zeigte sie uns das Haus von oben bis unten.

Das Prunken der Katherinas war bis hier vorgedrungen: Louis-XVI-Möbel im Wartezimmer – auf dem Schreibtisch of Paton size für einen kompletten Feldzug lagen zwei Blatt Papier.

Ein Telefon daneben (Modell 1898) träumte – in den Keller kamen wir auch, weil die Kinder so einen Lärm machten: sie hatten einen sieben Meter langen Panzerkreuzer aus Eierkisten mit zwei Geschützen gebaut, und der Admiral gab gerade in klarem Schulfranzösisch den Befehl: »Querab, 500 Meter auf die Pinkelbude – Feuer.« Etwas verlegen vertraute Mama uns an, daß ihr Lieblingsdichter Paul Valery sei, als ihr der Admiral hinterherschrie: »Mama, wer sind die Kameraden?« Und sie antwortete »Motorradfahrer« ... so wie man sagt, die Mülleute sind gekommen ...

Sofort verließ die jugendliche Bande das Schiff und hängte sich an Andrieux. »Wo sind die Motorräder? – Kann man mal antreten? Mein Vater hat 'ne Indian!« Sie durchquerten im Garten die Genossen-Dandys, die ihre Torte in der einen und die Gläser in der anderen Hand hielten. Die Kamele wurden in den Garten geschleppt und zum Leben erweckt. Die anwesenden Damen in robe-sac und Bubikopf hielten sich zwar die Ohren zu, aber die Männer waren natürlich interessiert. Die Party wurde zum terrain d'essai – sie wurde unsere party – alles unterstand den wilden Motorradfahrern. Robert sprach von den Vorteilen des Zweitakters gegenüber dem seitengesteuerten Viertakter. Die Frauen flüsterten ihren Begleitern zu: »Mein Gott, was hat der andere Mann für riesige Hände« ... Da bahnte sich ein Brillenzwerg mühsam den Weg durch die Gäste ... es war der Hausherr!

»Kann ich Ihre Ausweise mal sehen«, sagte er ... »Ist ja phantastisch, daß Sie niemand angehalten hat«, sagte er von der imaginären Höhe seines Gouvernement-Postens herab ... es wurde aber garnicht originell von seinen Gästen gefunden. »Wir hatten in ganz Sibirien nur mit einfachen, lieben und hilfsbereiten Menschen zu tun«, sagte Henry . . . und ich schüttelte den Kopf, um den Schock abzumildern. »Stimmts nicht?«, setzte er hinzu. Ja, so wurde das »Papier« wenigstens noch für einen Psychologie-Test gebraucht – dieser Fetzen, auf den wir solange in Moskau hatten warten müssen ...

EINE KISTE MIT ERINNERUNGEN

Die Postverbindung war seit Moskau wenig zuverlässig. Wohl manches Mal hielten wir unsere Briefe beim Anblick des Postbüros zurück. Man hatte seine vererbten Vorurteile immer noch bei sich: Briefkästen müssen verschlossen – Poststuben mit Personen und nicht mit schlafenden Katzen besetzt sein ...

So kamen nun endlich die aufgestauten »Souvenirs« in eine Kiste und wurden von Wladiwostok abgesandt. Dahinein taten wir:

ein Hunde- und ein Rubinhalsband,

zwei mongolische Dolche,

ein Emaillekreuz,

eine Zinnkanne in Form eines Hahnes,

einen ausgestopften Fisch,

zwei Postkarten,

einen rostigen Bolzen ...

und als Polster gegen die Schüttelei der weiten Reise zwei kleine Gardinen – die Mückenfenster des Motorradfahrers! Obgleich es nicht jedermanns Sache ist, sich künstlich die Sicht zu verderben und dann noch Gelände II zu fahren, war dies eine absolut geniale

Erfindung gegen die Myriaden von Insekten in den Sumpfgebieten. Sie stammten aus einem Gasthaus, vor dessen Wirt wir einen ganz kläglichen Einakter in bodenlosem Sand – fall-ich-nicht-hin, fall-Du-wenigstens-hin aufgeführt hatten. Es wäre anderen genau so passiert, denn sie hatten sogar Planken gelegt, damit die Fußgänger in dem Flugsand nicht versanken.

War es die verletzte Eitelkeit oder die Erschöpfung? . . . Seit dem Morgen hatte alles bisher erlebte Negative die Oberhand gewonnen. Nicht zuletzt eine stundenlange Radmontage im tiefsten Gras mit verlorenen Bolzen und den ewigen Quälgeistern im Gesicht und auf den Händen . . . dann der trostlose Reiseschnitt vorgestern von 30 km! Die ganze Sache war ja sinnlos! Besser heute umkehren als morgen – ich weckte Andrieux, um ihm das mitzuteilen. »Zu schwierig? Das ist gerade heute ein Augenblick, wo wir mutlos sind. Haben ja seit vorgestern nur ein Stück Weißkäse gegessen – mehr nicht! He, morgen früh: Grand-Gala déjeuner, und dann kommt der Gardinentrick – vous allez voir!« Und so kam ein neuer Tag – mit 160 km Gelände!

Der ausgestopfte Fisch hatte vielleicht ein Menschenleben lang in der Veranda am Baikal-See gehangen, bevor er mit uns reiste. Er hatte hellrote Flecken wie das Gestein am Südufer des Sees. Dort wollte der Pinguin eine West-Ost-Passage finden... schön wäre es gewesen, denn die Dampferlinie quer über den See war eingestellt. Der Umweg nördlich um den See herum konnte eine Woche, wenn nicht mehr kosten, und am Westufer fällt das Baikalgebirge bis ins Wasser. Aber man konnte mit dem Feldstecher Orte am Südufer entdecken, die auf der Karte Studanka und Murino hießen. Daß es Wege dorthin gab, schien also wahrscheinlich. »Nein«, sagte der Genosse Hotelbesitzer, »es gibt nur Ziegenwege, Motorräder njet.«

Henry fuhr dennoch ohne das übliche Gepäck auf Patrouille – er kam nach drei Stunden mit zerrissener Jacke und einer langen Schmarre auf der Backe wieder zurück. Es gab einen Weg inmitten der sich zum Wasser absenkenden Felsen; erst 60 cm breit, wurde er langsam immer schmaler – schließlich war er nur noch eine

Fahse, wie mit einem Hobel ins Gestein geschliffen. Unterbrochen durch die Windungen des Ufers, erschien er aus der Ferne »besser und sicherer«. Darum gab sich Henry den nötigen moralischen Schubs und segelte los . . . sehr langsam, versteht sich.

Schon bald ging's um einen Berg herum und zugleich tiefer zum See hinunter. Da hörte die Kerbe einfach auf – nur Fußgänger konnten die Unterbrechung meistern. Er drehte die Gillet auf der Fußraste um. Sie blieb dank eines gewaltigen Puffs hangseits liegen - er aber rutschte und rutschte auf seinen eisengenagelten Schuhen den Fels abwärts bis zum Wasser. Eine Schar Fische mit roten Flecken suchte erschreckt das Weite – der Aufstieg glückte nur barfuß. Erst als es gelungen war, den versoffenen Motor auf einem Bein balancierend wieder zum Laufen zu bringen, wurde ihm besser ... es war wieder einmal eine Gelegenheit zum vorzeitigen Abbruch der Welttour.

Die mongolischen Dolche hatten wir der schönen Elfenbeingriffe wegen gekauft (noch vor Tschita). In diesem Dorf begeisterte sich eine Polizeistreife für die Gillets. Sie wollten verdammt oft »probieren« . . . aber schließlich benutzten sie unsere Anwesenheit zur Volksaufklärung über das Thema: »Wir brauchen Motorräder in der UdSSR«, und wir mußten vielmals um den Marktplatz kreisen.

In der lauen Sommernacht hatte sich Andrieux mit der Tochter des Gastwirts auf dem Friedhof verirrt! Sicher wollte er nur einige Verse von Verlaine deklamieren, jedoch der Papa glaubte die Ehre der Tochter in höchster Gefahr und verfolgte die Mondscheinwandler mit geladenem Jagdge wehr. Da erschien die Polizei im rechten Moment und rettete unseren Henry ...

Die erste Postkarte, die wir vergessen hatten einzustecken, weil kein Briefkasten und keine Post auf unserem Wege lagen, war ganz zerknittert; man konnte aber noch lesen: Liebe Rosel, endlich heute abend in Wannsee scheint die Sonne, seit Lüttich hatten wir nur Regen. Herr Friedmann vom MOTORRAD sandte uns einen gewissen

Gustav Mueller als guide. Bis hier folgende Pannen: Schieber festgelaufen; an der Maas Reifenpanne, eine Kette abgesprungen, ein Hilfstank leckte ... Ich höre Dich sprechen, liebste Rosy: »Na, Ihr Narren, damit wollt Ihr 'ne Welttour machen?« ...

Der Hahn aus Zinn hatte einen dichten Verschluß, darum diente er auch als Wodka-Reserve ... für Sonderfälle, zum Beispiel als Brückengeld über den Khor (hinter Chabarowsk). Auch dieses bescheidene Flüßchen – nur viermal so breit wie die Seine und Elbe zusammen – ergoß sich flott in den Amur. Nach längerer Fahrt am Ufer entdeckten wir Fischer mit einem Boot. Sie waren drauf und dran, das Weite zu suchen – Menschen auf Maschinen reitend hatten sie noch niemals gesehen. Mein »Dolmetscher« in Gestensprache lief mit dem Hahn winkend zu ihnen und bot eine Probe aus einem Zündkerzen-Schutzdeckelchen an. Hm, sehr interessantes Parfüm! Das Boot faßte nur ein Motorrad und zwei Mann – also waren zwei Reisen fällig.

Ein schwerbeladenes Motorrad in einen schunkelnden Kahn zu asten – ohne Anlegesteg – welch Spiel ohne Grenzen! Es geht in »flacher« Position! Das einzige Ruder diente zum Quirlen hinten – der Strom lieferte den Vortrieb – aus beidem zusammen konnte sich ein Seemann die Abdrift ausrechnen, was ich per Skizzen mit dem verbliebenen Mann auf cirka 4 km Länge schätzte. Soweit flußabwärts wanderten wir oder fuhren auch mal ein kleines Stück (der hatte noch kein rechtes Zutrauen zu den Gillet-Kamelen). Inzwischen wurde es Nacht, aber wir hatten Mondschein. Was mochte nur passiert sein? 30 Minuten hin – 30 zurück und das Ausladen ... und jetzt waren schon zwei Stunden vergangen!

Endlich hörte man plätschern – es war das Boot mit der ganzen Ladung an Bord – es war unmöglich gewesen, zu zweit zu entladen – ein Mann mehr mußte mit rüber kommen. Tja, so war das – ich blieb also allein zurück und tuckelte wieder weitere vier km stromabwärts. Zikaden zirpten im Gras – meine Uhr schien stehen geblieben zu sein. Es war 1/2 11, als Andrieux mit einem Fischer wiederkam. Die Gillet war beim Ausladen ins seichte Wasser gefallen, und das Boot hatte erst leer geschöpft werden müssen . . . aber sie waren fröhlich! »Der Schnaps ist alle, Robert . . . sie haben es auch verdient!« war sein Resümee der Situation. »Na, beim Einladen »trank« das Boot gute 30 Liter! Die mußten ausgeschöpft werden, und dann kam die Überfahrt. Als ich dachte, es wäre geschafft, fiel beim Ausladen der als Gegengewicht sich hinauslehnende Mann ins Wasser (das war ich), und als Reaktion des verlorenen Gleichgewichts folgte mir dann das getreue Kamel!«

Aber so war es eben in Sibirien: unsere Helfer ließen uns keineswegs im Stich – sie kamen mit, zu Fuß die Maschine Nr. 1 zu suchen und halfen wieder, sie bis zum Sammelplatz zu schieben (4 plus 4 km = 8). Sie zeigten uns, wie man im nassen Gras Feuer machen kann und brieten uns frische Fische... ihren letzten Fang. Delikates Abendbrot! Um 2 Uhr morgens schliefen wir, gegen die Maschinen gelehnt, ein...

Das Kreuz – Andenken an die Basilika einer Kleinstadt. Fünf Städte waren durchstreift – in keiner hatte man machen können, was ich wollte – nämlich eine Kirche besichtigen, wo noch Gottesdienste abgehalten wurden. Auch wegen Tante Antonia. Sie hatte mit dem Suppenlöffel in die Terrine gehauen, als man im Radio von in Rußland zu Tausenden niedergebrannten Gotteshäusern sprach. Aber manche Genossen hielten uns noch für schmiedefähige Militanten – zum mindesten Atheisten, und sie hatten uns nicht enttäuschen wollen.

In Novosibirsk kam die Gelegenheit. Wir hielten vor einer Fünfzwiebelkirche; eine seitliche Eingangstür war geöffnet. Alle vergessene (und nun nicht mehr gewollte) Pracht aus Tolstois Epoche offenbarte sich in gedämpftem Licht. Die Wachskerzen ließen Schnitzereien, vergoldete Schreine und der Orgel Empore schimmern. Jeder nur mögliche Zwischenraum war von Ikonen ausgefüllt. Von

der Decke herab hing ein Wald von Kronleuchtern in Blau und Silber – reichverschnörkelte Weihgefäße und Ketten mit bunten Steinen verbrämt. Erst allmählich gewahrte man Mönche in Andacht erstarrt. Es war 8 Uhr – die Zeit war stehengeblieben ... seit neun Jahren!

Es muß an einem Tag gewesen sein, den wir in der freien Steppe verbrachten – die Welt schien unwirklich – vielleicht als Vorbereitung auf das, was kommen sollte? Ganz langsam wich das Schwarz dem tiefen Blau. Noch konnte man nicht die Entfernung der nahen Gegenstände schätzen (Henry's Beine und den Sack, der mein Kopfkissen war). – Dann wurde es hellblau – ohne Morgenröte, denn der Nebel verdrängte sie. Es war ungemütlich »abzuwarten«, darum starteten wir in dem weißen Dampf – der Trakt war schon fast erahnbar. Ab und zu wuchsen Konturen aus dem Nichts – meist Bäume und manchmal Steinhaufen. Und einmal ein Köter. Der saß da wie ausgestopft und machte Wuff, als wir näher kamen. »Man könnte sich vielleicht befreunden« wedelte sein Schwanz – dann leckte er Henry die Hand (und bekam sein letztes Stück Käse) und sprang auf das »Nest«, welches durch den hinten aufgeschnallten Reifen gebildet wurde. Die Gillet sackte sichtbar noch tiefer in den weichen Boden, denn das freundliche Hündchen war ein ausgewachsener St. Hubert. Es war aber Liebe auf den ersten Blick – mitnehmen unser erster Gedanke. »Ein Hund fährt Motorrad durch Sibirien« (Titel für »Illustration« und die »Berliner Illustrierte«). Wir diskutierten das Randproblem: was wird der Zoll sagen? – die Amerikaner sollen Schwierigkeiten machen ... Und jedesmal, wenn wir den Hund dabei ansahen, leckte er sich bejahend das Maul oder streckte eine Pfote vor. Er hatte uns verführt – und adoptiert! Von nun an waren wir zu dritt. Zehn Minuten schaukelte der Köter schon auf Henry's Soziusnest – mit geteilten Gefühlen – dann fiel Andrieux plötzlich hin, und der Motor brüllte wild auf (wie das sich so abspielt, bis man den Gashahn erreicht hat). Unser Reisekamerad sprang mit einem Riesensatz vom Sitz und verschwand in den Büschen. »Himmel und Erde sind ohne Mitleid« sagt Laotse ...

KHANKA, an der mandschurischen Grenze.

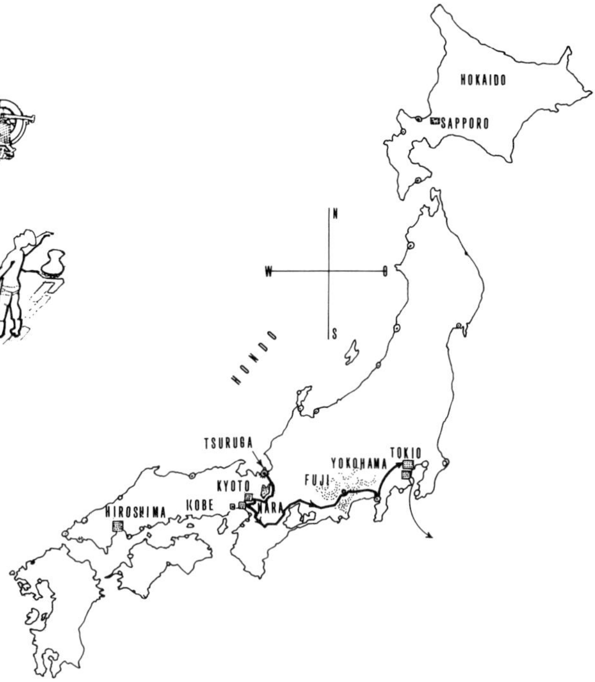

UM ZEN ZU STUDIEREN

Auf die Insel Nippon kamen damals jeden Winter 1200 Europäer, um die Lehre des ZEN zu studieren. Sie kamen zwar ohne weiteres durch den Zoll und die Mauer aus Reis und die Flüsse aus Tee, aber sie verhakelten sich fast alle in den mysteriösen Schriftzeichen, und darum fuhren sie eben bald entmutigt nach Bremen oder Marseille zurück...

Wir ließen unser Lexikon im Rucksack, wir lernten auf der Straße. Wir lasen des Schusters

»Schlangenbaum« mit roten Tropfen als ›hier wird besohlt‹. Wo es nach Essen roch oder ein Koch im Hinterhof Gemüse kleinhackte, war ein »fliehender Priester« mit Napoleonhut als Motiv angeschlagen ... ein Restaurant also. Das klappte großartig, wenigstens fast immer. In Kyoto überkam uns eine kleine Freßlust (oder war es Neugier beim Anblick der blumengeschmückten Terrasse und vielen lackglänzenden Damenfrisuren?), jedenfalls hing über der Tür der ›fliehende Priester‹. Er hatte allerdings diesesmal eine Briefwaage auf dem Kopf ... aber die Motoren waren abgestellt und wir schon halb drin. Bedenken Sie doch, alles, was anders war als bei uns zuhaus, war schon erst mal hochinteressant!

Zum Fressen niedliche Operetten-Girls umstanden uns. Die ganze Belegschaft vermutlich, und sie lachten ... ihr gezähmtes Lachen. Hier wurde feine Lebensart gespielt, keine Rede von Essen – auch nicht von dem, was bei uns das rote Licht verspricht (und hier die chinesischen Hunde im Fenster andeuten). Die zierlichen, schmalhüftigen Tanagrafigürchen mit Silberglocken im straffgekämmten Lackhaar brachten uns in besonders kostbaren Tassen und Gefäßen aus der Ching-Periode grünen Tee ... wer hätte gewagt, auch nur an Zucker zu denken. Die Nuancen beim Aufguß der Blätter waren uns ja entgangen (nicht jeder kann Wasser kochen)!

Beim zweiten Service gab's golden gefärbte Buchstaben. Der hungrige Pinguin biß schamlos hinein – es war kein Pfefferkuchen, es war – viel romantischer – ein Legespiel! Erstes Stadium: die bekannten Zeichen werden geschüttelt und das Resultat gedeutet. Die zierlichen kleinen Finger spazierten von einem zum anderen Gelege, und was wir hörten, war unsere Reise (das sagte uns ein englischer Gast). Sie verliefe gut. »Nicht möglich! Da bin ich aber beruhigt«, sagte der Pinguin lakonisch und setzte hinzu: »Sind das nun welche oder sind es keine?«

Zweites Stadium: es sind welche. Jetzt werden Ornamente gelegt, genauer – mit Grundfiguren Begriffe zusammengesetzt: die Hochzeitsreise z. B. ... Eine Schlange mit Ohren war Titsu – ihr Liebster Hemham war dasselbe Ding, aber horizontal liegend mit drei O drunter – sah sehr hübsch aus! Die kleinen Ohren natürlich auch. Es wurde uns immer klarer, daß mit Hilfe von soviel Weiblichkeit die Figuren und Begriffe viel, viel leichter zu verstehen waren als so nüchtern im Sattel – mit nur einem trockenen Lexikon in der Hand. Wenn ich darin nachsehen will, weiß ich sowieso niemals, wo oben und wo unten ist ...

BANSAI'S SYMBOLE

Das Japan, das wir 1926 auf dem Lande zu sehen bekamen, war noch ungefähr dasselbe, wie es die Reisenden des 19. Jahrhunderts entdeckten: ein säuberlich ausgeführtes Landschaftsmodell fürs Museum... unter Glas aufzubewahren... dünn bevölkert, unbeweglich und anscheinend der Tradition auf ewig verschworen. Keine Brücke führte vom wohlstudierten Lächeln zur europäischen Gelassenheit. Wer dies behauptet – und das tun viele –, kennt nicht das unabdingbare Gesetz für Entdecker: Du mußte jedenfalls den ersten Schritt machen – (und noch viele hinterher), um zu verstehen.

In Nichtbeachtung dieser Regeln glaubten die Langnasen sich als phantasielose Gesellen katalogisiert und von bildlichen Darstellungen ferngehalten. Im Gegensatz zur Themenarmut des Abendlandes (1800 Jahre biblisch) gaben japanische Künstler den Dingen auch ein Leben wie Felsen, Bäumen, Blumen, allen Tieren, den Möbeln und Teekannen, sowie Gewändern und Gefäßen, und sie erfanden auch noch Übermenschen und Übertiere . . . aus Tusche,

Holz, Papier und Jade oder Elfenbein. Den visuellen Legenden war man so nahe, denn schon allein die Schrift besteht aus lebenden Wesen . . . mit verständlichen Gesten.

Darum erläutert der Lehrer in der Klasse die Symbole etwa folgendermaßen: das Tsü trägt etwas fort, das Yem ist eure Mutter – sie hat den kleinen Bruder über das Knie gelegt. Seht Ihr die drei Töpfe fortfliegen, es ist das Zeichen des Nichts. Darüber bauen wir ein Dach, und weil wir dieses mit einem Pinsel tun, wird das Dach breit ausladen. Was kann es anderes als »mein« ausdrücken? Wir dürfen auch zwei Tupfen, einen quer und einen gebogenen, über ein Dach legen, doch soll das eine Ende wie eine Tatze herunterhängen und das andere sich krümmen wie eine Krabbe. Das bedeutet Zufriedenheit.

Aber inzwischen stört Euch sicher die Enge zwischen den Zeichen . . . mich auch. Neulich träumte mir, ich hätte mich als Buchstabe ZEN in ein Buch verirrt. Niemand wollte mir Platz machen, mich reinlassen. Darum floh ich in ein Bild von Yoshige. Dessen Sinn war: die Kleider zanken sich . . . und ich wurde gern von den Zankenden aufgenommen.

»Habe ich es so richtig gesagt?« fragte ich Tanagushi. »Ja«, antwortete er, »aber Robert, Du vergoldest den Lehrer zu sehr, er ist 22 Jahre . . . die Jungen sind Rebellen! Auf dem Lande wohnen nur Gestrandete, hat er neulich gesagt . . . von dort kommt er nämlich und kann es nicht verzeihen!«

»Yap«, sagte ich, »so ist das also bei Euch . . . bei uns nämlich auch!«

JA, DIESE ZEICHEN . . .

Und nun erst OSAKA, die Stadt des Lichtes. Mir schien sie wirklich heller beleuchtet als Paris, das aus bis heute unbekannten Gründen dieses Attribut beansprucht. Wir waren seit Kyotos blitzsauberen Straßen fast ständig von Siedlungen an der Straße begleitet. Nur selten lagen Wäldchen oder Seen rechts und links der Straße, oder gar ein Gebirge in der Ferne.

An einem dieser Tage kamen wir durch einen Naturpark. Rehe und Hirsche kamen näher (als wir die Donnerbüchsen abstellten, versteht sich), um den ihnen zustehenden Obolus an Leckereien entgegenzunehmen. Das Dörfchen hieß Nara, und wie man wieder aus ihm herausfand, war sicher sehr einfach für Einheimische, gab es doch Pfeile ohne Spitze mit gleichem Schriftsymbol . . . so schien es. Ihr könntet es ja einmal probieren: Guckt auf ein Symbol wie dieses 30 Sekunden lang und blättert eine Seite weiter. Welches von den beiden der nächsten Seite habt Ihr behalten? Die Zweifel des aufmerksamen Lesers würden uns trösten, denn wir verfuhren uns ganz unheimlich. Erst als wir durch eine von Tricars, von Rollern und Fahrrädern überquellende Straße einbogen, erkannten wir, daß wir uns schon einmal hier durchgewühlt hatten. Besonders dann,

wenn keine Sonne schien, machte man solche Fehler.

Aber bedenken Sie dies: die Häuser ›wuchsen‹ am Straßenrand; das Trottoir von 1,50 m Breite war mit Eßwaren und Kindern besetzt, die Ware selbst stand auf der Straße, und diese war Promenadenweg der überwiegenden Spezies »Fußgänger«. Was es heißt, dazwischen durchzufahren, beschrieben wir schon. Das Wesentliche, das, was jede Orientierung raubt, ist, daß diese Hauptstraßen (fast lichtlose) Tunnels waren, jedenfalls Kanäle. Ein jeder Handelsmann hatte sechs bis acht Fahnen mit Inschriften vorm Haus und darüber ein Sonnendach. Jene Kirschenschummer verbreitende »Segel« überdeckten sich. Gelegentliche Sonnenstrahlen reizten nur das Auge, so daß man geradezu gerne in den dunkeln Partien »Licht gemacht hätte«. Ging nun solch Schlauch geradeaus? Nein, sicherlich nicht . . . nur zwei sanfte Viertelkreise genügten, und man war wieder auf dem »Heimweg«.

Bevor wir uns an diesem Tage, etwas entmutigt, in ein Gasthaus zurückziehen wollten, hatten uns Motorradfahrer entdeckt, und von nun an waren wir keine Sekunde allein. Schrecklich? Oh nein, mein weiser Bruder! Nimmer hätten wir die Schiffahrtsgesellschaft, unseren Pott und die Verladerampe gefunden . . . niemals, so wenig wie eine Stecknadel in einem Heuhaufen.

GESTEN UND THEATER

Unser Parcours ging über Land nach einem kleinen Städtchen, Imadza, dann an den Ufern des Bewa-Sees entlang nach der früheren Hauptstadt Kyoto. Kaum eine Stunde entfernt lag Osaka, wo wir in den Festzug der Equinax geraten sollten. Noch ein Stück weiter östlich gab es die heilige Stadt Nara mit ihren Parks der zahmen Rehe, und dann führte der Weg nördlicher zeitweilig durchs Gebirge über den Hakone-Berg, von wo aus man den Fudschijama aufragen sieht, wie ihn Hokaide in 36 Ansichten gezeichnet hat. Bis Tokio waren es noch 500 km mit gelegentlichen Strecken am Meer entlang.

Tokio mit 1400 Quadratkilometern von ineinander verschachtelten Holzbauten, Palästen, Parks und Fabriken wollten wir mehrere Tage widmen ... nur 30 km weiter lag ja die Hafenstadt Yokohama, von wo aus einst Ferdi Kuhn, der Yankee-sailer, Japan für den Westen öffnete. 18 Tage? Es gab soviel zu sehen! Zum ersten Male konnte man sich umschauen – die Straßen waren ohne Löcher, ohne tückische Rinnen, ohne Überschwemmungen – die Flüsse hatten Brücken. Es gab Hotels, Herbergen, Restaurants, Teehäuser, Theater, Museen und Feste. Zum Beispiel »das Fest der alten Herrschaften«, das Fest Saichigosan oder Sieben-fünf-drei-Fest und das Laternenfest für die Buddhisten und noch das Herbstturnier in Tokios Vorstadt Kokugikan.

Schon in Kyotos Vorort nahe des Bewa-Sees gerieten wir in das Nachtleben einer Großstadt. Uns gefiel das Hotel: ›Der göttliche Regen‹; gerade kam eine Theatertruppe aus dem angrenzenden Etablissement. Die weißgeschminkten Männer hatten eine flache Blase mit seitlichen Flügeln auf dem Kopf, und mächtige Pfeile stachen in ihrem Rücken. Sie bewegten sich beim Gehen wie der wippende Schwanz eines Vogels. Es waren die Sayama-Spieler des sehr alten Theaters, das verschachtelt hinter der Herberge und den hübschen Gärten lag. Freilich war es nicht so alt, wie das traditionsreiche Minamisa-Theater (5 km weiter down-town), das schon 1603 von Shinto-Priestern eröffnet wurde. Das war die Zeit des »stummen Theaters«. Die Mimen drückten durch eingehend studierte Handbewegungen und Gesten der Arme und des Körpers die Handlung aus ... nicht durch Geschwafel! Und als die Stücke weltliche Themen – so etwas Tiefstehendes wie Liebe zum Beispiel – behandelten, erwiesen sich die leichten Mädchen als vollendete Mimen. Daher war dieses Etablissement bis 1700 eine Nur-Frauen-Bühne. In der folgenden Welle von Prüderie hoch sieben wurde Schauspielen dann eine ausschließliche Domäne der Männer ... bis der Film kam – sozusagen vorgestern.

Während unsere zwei wieder einmal hochbepackten Motorräder die Attraktion der zwei anliegenden Teehäuser bildeten, wurden wir mit »Mokari Makka« empfangen, (wie geht's?). Oh danke, sehr gut – wir haben schon gelernt, die

Schuhe auszuziehen, die Mütze aber aufzubehalten! Ein »Landsmann« (?) aus Waukegan, Ill. namens Johnstone, wurde uns vorgestellt – er organisierte den Abend mit Theater und einem indonesischen Tanz. Weitere Details waren Kimonos und ein Bad! Das

Wasser in den Holzzubern schien kochendheiß – zwei devote Waschfrauen waren nicht gewillt, uns allein zu lassen – wer sonst sollte uns abseifen? Hatten sie nicht oft bemerkt, daß ausländische Ferkel sich sofort in das saubere Wasser stürzen wollten, ohne sich vorher zu bürsten? Nach der Tortur fühlte man sich unbeschwerter!

Der goldgelbe Wein wurde uns angewärmt – der Fisch hingegen roh serviert. Eine pikante Sauce half, alle ererbten Vorurteile gegen rohes Wabbelfischfleisch zu unterdrücken, aber das Feuer, das daraufhin im Schlund ausbrach! Tee, von sprudelnd heißem Wasser und zarten Fingerchen zeremoniell bereitet, war wohl als Gegenmittel gedacht. Vor unserer Veranda beobachteten schwarzgekleidete Mönche die Brandlöschungsversuche der Langnasen – sie wandten sich dann an die Nachbarin, um etwas Tee zu erbetteln, und dann verkündeten sie: »Kan Jitzai Bosatzu yin Hannya Mitta!« (Buddha kam zur Wahrheitssuche auf diese Welt . . . übersetzte Johnstone). Henry gab ihnen eine Gillet-Anstecknadel ohne jeden Hintergedanken, und vier Stunden später hatte ein mysteriöses Nachrichtensystem bewirkt, daß der Moto-Club Kyoto uns suchte (mit der Nadel in der Hand).

Wir waren inzwischen auf weitere Auffrischung der Bildungslücken aus: das Theater. Diese kleine Bühne war wie unsere Herberge ein Rahmenbau, aus edlen Hölzern zusammengesteckt und mit Papier bespannt. Auf dem Podium tauchte ein Wandermönch (Shinto-Buddhist) auf, der uns (laut Johnstone) aufforderte, ZENs zeitlose Rezepte zu befolgen, nämlich: genügsame Häuser zu bauen, das Geigenspiel, das Räuchern, Teekochen, Judo und Blumenstecken zu lernen . . . Dann blickte er uns traurig an, ließ sich aber willig von der ›Jungfrau‹ Miko verdrängen. Die fragte, ob wir ihr einen Tanz abkaufen würden . . . für 14 Dollar? In schwarzen Schuhen und türkisfarbener Hose nahm sie die »Stellung des Löwenhundes« ein, der ein Heilig-Etwas bewacht – ihre Augen waren dabei fest auf uns drei Huytos gerichtet. Während sie den Kopf langsam senkte, wanderten die Augen in dem Kunstwerk von Wimpern und Schlitzen nach oben – äußerst geheimnisvoll! Für den zweiten Auftritt ließ sie ihre schwarze Haarpracht in Quastenform herabfallen; Kopf und Körper wurden zusehends dünner, um sich ganz in die Gestalt eines goldenen Reihers zu verwandeln, der eine spitze Hand, das war der Schnabel, mondwärts streckt. Es war eine äußerst glaubhafte Geste. Johnstone fand es preiswert, und ich dachte noch oft an das stille Theater und den goldenen Reiher!

War Fräulein Miko nun eine richtige Geisha, wie es nur noch ein paar hundert – die meisten in Ghion – geben soll? . . . die die werten Gäste durch Kochen von heißem Tee, Standardgesten und uns fremdem Gezirpe unterhalten? Nein, Miko war eine Künstlerin der Avantgarde, sozusagen ein Rebell gegen die Tradition der Zirperinnen. Ein Tänzerinnen-outfit kostete 1400 Dollar. Die Bewerberinnen mußten dieses Fach und den Kyo-Odori-Tanz von 6 bis zu 17 Jahren erlernen. Sie sind wunderbar, das sagt jeder Ausländer, aber die Musik bleibt uns fremd. Kein Europäer hat jedoch je zugegeben, daß er garnicht aufgepaßt, sondern nur nach ihm bekannten Klängen gehorcht hat, und daß er nur darüber enttäuscht ist, daß er sie nicht gefunden hat . . .

Unser Theaterstück hieß »One Seyma Onna Feikin« – eine Romeo und Julia Affaire? Mit Holzgeklapper hob sich der Vorhang vor einer Szene, die ein Fluß in zwei sich gegenüberliegende Ufer trennte. Links saß der wunderschöne Kijosumi und am rechten Ufer der würdige Vater Sadaka mit Tochter Hinaduri, der schönsten Kirschblüte des Landes. Die Liebenden verkehrten per Wasserpost miteinander, die der gütige Strom von einem Ufer zum anderen trug. Was drin stand – sicherlich hinreißende Liebespoeme – wurde von zwei Erklärern in angrenzenden Logen zitiert und gespielt! ... Doch in einem Moment der Unachtsamkeit hatte der gütige Fluß das billet-doux des Kijosumi dem Vater der Kirschblüte in die Hand gespielt.

Von jetzt an überstürzten sich die dramatischen Ereignisse. Der dazugehörigen Gesten und der echten (?) Tränen halber war das Publikum gekommen. Daß Vater Sadaka durch ein Samurai-Schwert als Bestechungsgeschenk umgestimmt werden sollte, war so klar wie ein goldenes Vogelbauer, das Kijosumi aus den Falten seines Gewandes hervorholte. Einsatz des Zirp- und Trommelorchesters. Abschiedsgesang von dieser kleinlichen nüchternen Welt, und Schlußapotheose mit Harakiri.

Wir hatten genau so viel verstanden wie in einer deutschen Oper – die Hauptsache – nämlich per Gesten!

SUMMI MASEN (OH, PARDON)

Allein auf jenen 500 Kilometern von den Tierparks der heiligen Stadt Nara und ihren Tempeln bis nach Tokio – das heißt über die Berge und ziemlich dicht am Fudschijama entlang – fuhren wir brav rechts wie gut erzogene Touristen, machten möglichst wenig Krach, wenn ganz unvermutet zwischen Reisfeldern ein Tempel mit Andächtigen auftauchte. Es gab genau so wenig Motorräder wie es Autos gab, auf keinen Fall solche mit nur einer einzigen Person besetzt.

Eine viel ältere Erfindung des Westens bevölkerte Chaussée und Straße – das Fahrrad. Es war Reitpferd für Männer und Frauen und Lastenschlepper. Die Transportgüter – selbst lange, sperrige – wurden irgendwie angehängt. Die dritte Version, das aus Fahrradteilen bestehende Dreirad, beherrschte in den Abendstunden den Verkehr. Teils mit Motörchen bestückt, deren Hersteller bei uns längst Pleite gemacht hatten – teils per Waden-PS angetrieben, verstopften sie Tokios Hauptstraßen ebenso wirkungsvoll wie Renaults Produkte die Champs Elysées ... nur blieb alles im Fluß – jemanden zu behindern schien jedenfalls als Unehre zu gelten.

Wir sahen auf dem Umzuge des zauberhaften Laternenfestes Gürteltiere, Riesenfrösche und Papierdrachen mit straßenlangen Schwänzen, die nicht nur getragen, nein, auch noch »geradelt« wurden. Ein Tempel mit acht Etagen rollte auf zwei Fahrrädern. Seine Basis – ein Wappentier – sperrte den Rachen weit auf ... er diente als Briefkasten für Bittgesuche um ein Empfehlungsschreiben in die andere Welt. Ob die oben aus dem Turmgebäude herausfliegenden Ballons diese weiterleiteten, wußten wir nicht ... un-

BUSY DAY IN TOKYO.

ser allwissender Freund aus Waukegan war in Naras Park der sanften Rehe zurückgeblieben.

Die Huckepack-Tempelsäule in lustigem Rosa mit roten Flecken war aus Papier und Karton. Vier Begleiter – vorn, hinten und an den Seiten – zügelten das Gebäude. Sie waren gegen den Gegenstrom aus Menschen, Bäumen und Fahrzeugen durch eine Schar fröhlich hüpfender Kinder gedeckt. Wir ließen sie an uns vorüberziehen. Alle – Kinder wie Männer – waren höchst beglückt über unsere so ernstfarbenen Pferde aus Eisen. Aber niemand hielt sich so lange auf, als daß der Vorbeimarsch der festlichen Menge gestört worden wäre.

Außerhalb der Städte begegneten uns Wagen mit Ochsen, wunderschönen gepflegten Tieren mit seidigem Fell. Bei jedem Schritt balancierten sie ihren Kopf im entgegengesetzten Takt und hoben und senkten ihn gewichtig ... gewichtig war aber auch die Masse Kopf und Hals. Weit davon entfernt, sich über Gillets Zweitaktgeklacker aufzuregen wie Pferde, jene edlen Tiere, die nichts als Pa-

ganz aus Papier fast noch schöner als Pagoden aus Glasur

nik zu stiften im Kopf hatten, guckten die longstroke Ochsen sich um ... und das wischte sowohl einen Henry als auch einen Sexé runter von der Maschine. wenn nicht gar mitsamt ihr in den Graben. Dabei lernten wir: »Summi Masen – very sorry!«
Später, nachdem man in Kurven powerslidende Sportsleute, Fußgänger, die wie Kanonenkugeln aus einem Tempeltor schossen, eine Frau, die vom Himmel – einem Umzugswagen – fiel, glücklich umkurvt hatte, kam der Tag, an dem wir gleich zwei Radfahrer mit fliegenden Fischen und Lampions an drei Meter langen Stangen dank größerer ›Massemal-Geschwindigkeit‹ umlegten. Summi Masen, bitte vielmals um Entschuldigung! Wir hätten hinzusetzen müssen: Ich bin der ungeschickteste aller dreißig Nichtsnutze meines Vaters ... aber man half ihnen erst einmal auf, denn das ist die Hauptsache; die Schuldfrage kommt zuletzt dran – meist garnicht.

HENRY, DER RENNFAHRER (BRIEF AN YVONNE)

»Zwei junge Schlitzaugenboys, welche ohne Unterbrechung lachten, kurvten bereits nicht übel um zwei Büsche, welche die Wende der kleinen Bahn in diesem Park der 30 Baumgruppen darstellten. Der Trick war, schnell auf der Geraden bis zur Wende zu eilen, das Gas zuzudrehen, die Maschine zu legen und nach der Kurve wieder Gas zu geben ... In der sogenannten Kurve war allerdings ein Überholen garnicht möglich, die Piste war dort eine 20 cm breite Sandrille. – Wer da also als Erster in die Kurve kam, zog auch wieder als Erster ab.

›Na ja‹, meinte Robert zu diesen Überlegungen, ›wir fahren halt mit, so gut es geht – aber nichts riskieren, Henry!!‹ Das hatte ich mir auch schon gesagt, doch wir und ein Haufen Teilnehmer fuhren in einer langen Schlange zu einem Häuschen des Clubpräsidenten in einem wunderschön arrangierten Miniaturpark. Da saßen wir an der Erde einander gegenüber, und eine Menge reizender zierlicher Mädchen in Kimonogewändern brachte uns Chicken mit Bambusschößlingen und Reis. Vom Festmahl beim Zöllner gewitzt hatte ich einen Löffel in der Hosentasche, denn – verflucht noch einmal – ich hatte inzwischen Hunger . . . aufgestauten Hunger von X Tagen Herumstochern in vorzüglichem Essen mit diesen lächerlichen Stäbchen. Meine Eßschaufel störte auch niemand, und so hatte ich wieder genug Humor, um diese grüne, bittere Medizin, Tee genannt, mit genüßlicher Geste hinunterzugießen. Mein Vis à vis war der Champion der Piste. Auf jeden Fall konnte er so freundlich und herzlich lachen. Wir mußten dann wieder durch die gleichen, unendlich schmalen

Gassen mit den Bargeld-Gelegenheiten an der Bordschwelle auf dem Fahrweg hinunterdonnern. Alle Mann hatten hier offenen Auspuff. Die Harleys klangen bei Halbgas noch erträglich, aber unsere Herstaler Zossen! War es unsere Übermacht, oder war es der ›Ausnahmezustand‹ – wir endeten nicht im Gefängnis, sondern wieder im Rennpark, wo sich inzwischen eine Menge Zuschauer eingefunden hatte. Ulkiges Gefühl, als Einzelstücke der weißen Rasse so bestaunt zu werden, wie bei uns die japanischen Athleten angestaunt werden.

Ich kann ja nicht Gedanken lesen, aber so ein bißchen fühlt man doch: welch Wunderwerk unsere Nasen... unanständig lange Nasen, und dann dieser Schnurrbart von Henry! Hast Du die Hände gesehen? Zweimal so groß wie meine – die Gedanken waren nicht schwer zu erraten.

Das Aufstellen zum Start klappte natürlich nicht so recht, denn wir verstanden alles verkehrt. Hubraum war bedeutungslos, doch es wurde a) mit laufendem und b) mit stehendem Motor gerannt. Die A-Klasse verloren wir so fürchterlich, daß ich nicht mehr hochzusehen wagte. Aber beim B-Start gab's eine Chance; unsere Motoren sprangen sofort an, und wir waren beide die Ersten an der Biege und Robert noch Erster bei der Loge des Rennleiters, dann mimte er Motorschaden mit Hilfe des Aushebers und ›gab auf‹ . . . man spürte die Empörung der Menge gegen das grausame Schicksal.

Ich blieb noch fünfmal Erster an der Rille, dann machten mich die Harleys nieder. Von nun an wichen weder die Zuschauer noch unsere Gastgeber von unserer Seite . . . obgleich in einer Spezial-Einlage von vier Runden der Landes- (oder Distrikt-)Champion der Sandbahn uns allen vorgemacht hatte, was dirt-track power slide mit Höllentempo wirklich ist! Wie taktvoll also, uns Weltenbummler nicht mit diesem king of the dust herumkurven zu lassen.

Wir wurden viel befragt, auch von scheinbar ›important persons‹, wie an Kleidung und würdevoller Geste erkennbar. Die Übersetzung ging über drei Ecken: von Japanisch auf Englisch und meintwegen auf French. Die Frage Nr. 1 war die Ökonomie: wieviel kostet, wieviel verbraucht, wieviel schleppt Euer Motorrad mit und ohne Anhänger? Keiner der ›Mittelsmänner‹ verstand die Fragen, fügte aber wohl viel eigenes hinzu, dachte ich mir jedenfalls, nach dem unbeweglichen Gesicht des Fragers zu urteilen. Wenn das immer so ist, z. B. in der Politik ...

›Na, Henry‹, sagte Robert zum Abschluß, ›nun haben wir sogar noch Rennen gefahren ... welcher Unterschied zu Sibirien!‹

»CHÈRE YVONNE

In drei Stunden ging das Schiff ab. Es hieß »Sibirien« – schon wieder! Unsere eisernen Pferde waren seefest gezurrt, alle Passagiere hatten die Quai-Seite besetzt und wußten nicht mehr, was sie den zurückbleibenden Verwandten zurufen sollten. Auf der Lee-Seite waren kleine Boote vertäut, welche Fische, Krebse, Tintenfische und Hummern für die Küche liefern wollten. Ich bekam langsam einen Riesenappetit!

Bedenke, Yvonne, noch nie hatte ich soviel Pulver in der Tasche – und seit Berlin kaum 'ne Gelegenheit, es zu benutzen. Wir haben uns mit Worten und mit Taten bedankt . . . hatte mehr Sinn. So war ich also noch »reich«. Dachte sogar dran (Du wirst staunen), Dir was mitzubringen. Robert meinte Kimono . . . aber die Größe . . . Denk mal, ich faßte mir Mut und ging nochmal deswegen an Land – mit dem Schiffsjungen vom Koch. »Wie groß« (ist sie, die Ihrige)? Das hatte ich sofort verstanden und gezeigt: bis hier. ›Wie unsere Frauen‹, sagte der Schiffsjunge. Aber der Busen? Das versteht doch jeder? Nein, es kam 'ne Großmutter rein . . .

Sie sah mich an, daß man nie wieder tanzen gehen möchte. Und sagte mir (per Schiffsjunge): ›No, Irrtum, Europäerdamen flach – no bosom!‹ Stimmt ja, Liebling, aber meine hat! Und dann hörte man – Yvonne – ein TÜÜÜÜT-TÜÜÜT – Mensch, jetzt wegen einer Busengröße den Dampfer verpassen! Dabei waren wir am Hafen! ›Nicht unruhig werden‹ sagte der Schiffsjunge, ›ich muß ja auch an Bord.‹ Man kauft, was man will, nichts anderes . . . Also, Madame, s'il vous plait! – Die ging aber weg und holte eine andere zuhilfe – franchement –

eine ganz Süße. Inzwischen hatte ich Dein Foto zur Hand: Look, please, hatse oder hatse nicht? . . . Die zwei Frauen zwitscherten wie zwei Vögelchen, und inzwischen tutete es schon wieder ... und der Schiffsjunge war verschwunden . . . in Luft aufgelöst. Nun kam ein alter Herr mit langem, grauem Spitzbart dazu und in pico englisch erklärte er: das Muster – seit 500 Jahren feststehend, paßte nicht mehr, sobald noch mehr Stoff für die zwei vorderen Lappen vergeudet würde. Natürlich ging mir das nicht sofort ein – ich sagte mir nur, es tutet, und der Bengel ist weg und Robert wird mich erschlagen . . . und so verschwand ich!

Das Schiff lag noch immer da – keine Eile (warum auch?) und Robert sagte ›Mensch, noch zwei Stunden Zeit, kaufe um Himmelswillen das Ding, und wenn es zehnmal zu klein ist. Die können ja nähen, die Weiber! Sonst hörste zehn Jahre lang ...« – »Weiß schon, Sexé‹, und ich raste wieder zur Kimonofrau. Die brauchte keinen Kursus in Psychologie ... sie war sicher, daß ich nochmal wiederkommen würde. So präsentierte sich die Süße mit Stoff-Sonderbusen in einem herrlichen Kimono – na, Du wirst ja sehen! (Später allerdings sah ich, daß das Rückenteil aufgetrennt war – kann man das Muster nicht verbreitern?).

Je t'embrasse . . . Henry, qui t'aime.«

SCHIFF NACH FRISCO

Einladen am Hafen. Wunderbare Geschäftigkeit! Hier im Lande der Puppen und Teetassen wuchsen aus der flachen Welt der Fußgänger schwimmende Burgen, eine an der anderen; überall hoben Kräne Tonnen und Ballen und senkten sie in dunkle Tiefen.

Schiffe sind rastlose Wesen – jede Minute zählt. Sind die zwei Franzosen an Bord? Die Motorräder auch? Dann los, Klappen zu, Ordnung machen – die letzten Seile fliegen durch die Luft. Keine Schlitzaugengesichter mehr an Bord. Ein ohrenzerreißendes TUUUUHT ließ die Luft erzittern. Aus allen Türen guckten Passagiere. Was war los? Nichts! Der Gruß des Dampfers an die anderen? hope to see you again . . . in Adelaide, San Diego may be?

Wir torkelten treppauf, treppab – Rauchzimmer, Damensalon (oh Pardon), dining-room. Alles dunkel und ungemütlich. An Deck wehte bereits – noch in Sicht von Yokohama und den vielen lustigen Dschunken – eine steife Brise. Wie die Vögel auf einem Ast trafen sich die Passagiere an der windabgewandten Seite. Unsere Nachbarn waren aus Seattle . . . für die 13 Tage wurden wir auch noch mit Sacramentos, Toledos und Chicagos Bürgern bekannt – die anderen kämpften wie auch mein armer Henry gegen die Frequenz drei – (dreimal rauf und runter in der Minute) . . . die nie eingestandene Seekrankheit! Konversation machen? Wir hatten das in 85 Tagen Einsamkeit fast verlernt. Plaudern? von einem Thema zum anderen springen . . . womöglich geistreich sein? Der Redeschwall brauchte Stille. – Aber, die sprachen ja auch englisch –

wie wir! Und dann redeten alle zusammen, die Damen waren entzückt (mein Alter redet ja niemals mehr mit mir!) . . .

Wir hielten auch zuerst den Mund, weil man in dem Irrtum groß wird, daß Leute, die den Steward hin- und herbefehlen, etwas zu erzählen hätten . . . »Wir waren auch in Kyoto im Theater und haben ein Philemon und Baucis ähnliches Stück gesehen – mein Frau hat sich ein Blumenbuch gekauft« . . . Und Madame (aus Los Angeles) holte das Buch – von Gochiku und Onitsura. Ich las: »Die lange Nacht – das Gemurmel des Baches drückt aus, was ich denke. Das Schweigen der Blumen dringt auch bis ins Innere eines aufnahmebereiten Ohres . . .«

Sehr schön – da kamen wir nicht mit – waren ja keine Poeten, oder nur so ein bißchen am Rande. »Was wir beobachtet hätten?« – Den weißen Morgennebel am Start (wo sind wir? Auf dem Mond – in Sibirien?). Die Feuchtigkeit ging durch Leder und Stoff – sehnlichster Wunsch: ein warmes Bett – Rosy sollte mit krackfrischen Semmeln und Kaffee kommen. – Wir hatten nur kalten Tee im Bauch – die Zündkabel waren naß. Dann kam die Sonne durch – 20 Minuten der willkommenen Wärme, der schönste Moment vom Tage in der unendlichen Steppe! Das leuchtende Gelb der Unkrautblüten inmitten der herben Farben gab Mut für die nächsten zehn Stunden . . .

Betroffene Stille – es zündete nicht! »Was gab's zu essen?« »Brot, Käse und Milch!« – Das war ein Thema. Die Häuser aus runden Balken, die Ritzen mit Gras verschmiert (wie bei uns in Alaska!). Manche Leute haben nur ein Hemd aus Leder – na ja, kein Wunder. Hilfsbereitschaft? Noch und noch! Sieh mal an, das gefiel ihnen gut... Und Japan? Haben Sie die praktischen Wohnungen gesehen? Nichts überladen – die glatten Wände aus gefärbtem Papier mit einem einzigen Holzschnitt des Fudschijama von Hiroshige. Wir kehren auch zur Einfachheit zurück in Europa – das »Bauhaus«, kennen Sie?

Wir hörten von Amerika, dem Ende der Goldsucher, dem Petroleumboom, der jungen Filmindustrie. »Sie müssen über Hollywood fahren, schon damit Sie den spanischen Einfluß im Süden kennenlernen.« Manche Tage sprachen wir knapp eine halbe Stunde... dann bröckelten die Gesprächspartner einer nach dem anderen ab – ja, es gab zwei Tage und Nächte, da dachte man, das Schiff bräche in zwei Teile. Man erfuhr von dem Hurrikan, der kürzlich Floridas Obstfarmen verwüstet und Projekte der Urbarmachung und Drainierung in Frage gestellt hatte ... die noch junge Universität hatten 4000 Studenten verlassen.

Unser Wetter nannte sich schlicht ›die Herbststürme‹ und hielt tapfer bis zum Ziele St. Francisco durch... damit wir nicht übermütig würden!

Als die ›Sibirien‹ sich langsam dem Golden Gate näherte, kam der Pinguin nach 13 Tagen ununterbrochenen Stampfens in der stürmischen See zum ersten Mal an Deck. Seekrankheit kam in Reiseprospekten nie zur Sprache, wie dieses Malheur als unmännlich auch nie erwähnt wurde. Tee und Zwieback waren die einzige Nahrung die ganze Zeit. Nun wollte er endlich einmal von dem berühmten Lunch an Bord profitieren. Nach Sibiriens Milch-Brot-Käse-Dinners und dem ewigen Huhn auf Bambusschößlingen in Japan waren unendliche Mengen von Hummern, Langusten, Filets, Kalbsleber und Roquefort an ihm vorbeigetragen worden . . . und bevor noch das Schiff anlegte, konnten die Passagiere du grand salon einen nie zuvor gesehenen Gast bewundern, der unheimliche Verwüstungen in den ästhetisch dekorierten Fleischbergen anrichtete.

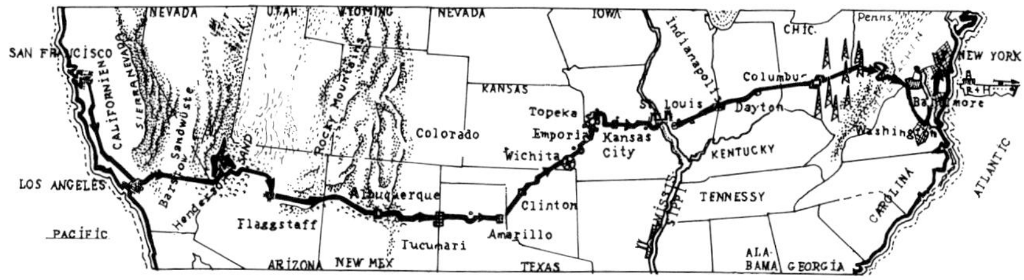

GOLDEN GATE

Wir legten am Pacific-Depot an, und die Kamele konnten diesmal auf einer schrägen Rampe an Land geführt werden. Unser erster Weg war zum Büro der American Automobil Association, die uns auch gleich für 20 Dollar zwei Versicherungen besorgte (goldene Zeiten!). Während ich in French und Oxford-Englisch das Wunder der Sowjetdurchquerung ausmalte, fuhr der Pinguin einmal um den Block ... in immer weiteren Kreisen, bis er auf einer der »Etagen«, aus denen St. Franzisco besteht, Nob Hill entdeckte. Nach dem Erdbeben und Riesenfeuer von 1906 führte hier die California Street zum fashionablen Viertel der Grand Avenue und auf der anderen Seite rüber nach Chinatown. Um die Stufen zu überwinden, hatte Eisenbahnkönig Leeland Stanford Cable-Wagen gestiftet – nun waren die Tramways elektrisch mit unterirdischer Stromschiene. Das trug man damals sogar in Washington so. Im französischen Viertel machte er sich Freunde. Angesichts eines dreistöckigen Tournedos wurde die Reiseroute klar: Mexiko durfte man nicht auslassen, davor die Goldgräberstadt, dahinter New Orleans Jazz Banden und die Baumwollpflücker ... bei der zweiten Flasche wurde die Abzweigung über die 84 Spitzen von 3800 m Höhe der Rocky Mountains ein »Muß«, um so mehr, als sich dann cattle trail, von Cheerokee-Indianern in Abilene organisiert, anbot.

Am gleichen Tag wurden wir in der Abteilung Tourismus der AAA zwei Stockwerke höher belehrt, wir hätten Harleys als Gefährte benutzen und Frisco als Start und Ziel der Welttour wählen sollen. (Denn hier seid Ihr im Motorradparadies!) Da möchte ich mit einem Indianersprichwort antworten: »Great spirit grant that I may not critizise my neighbour until I have walked a mile in his moccasins.« Aber er ging fort mit der Erfahrung, daß die Hauptverbindungen zwischen großen Städten zwei km hinter der Stadt aufhörten, danach waren es eingeebnete Sandwege . . . das war ein Alarm: die West-Ost-Durchquerung wird teuer an Zeit!

»WANDERT SCHNELLER, KAMERADEN«

In Frisco – nicht weit vom Hafen war das Hauptpostamt – erwartete uns eine Kiste mit Ritzeln, Ketten, Kerzen, Drehschiebern und vier Reifen. Außerdem zwei Briefe von den Penelopes ... Sie wurden auf der Treppe und beim Überqueren der mit Ford tin-Lizzie und Tramways überfüllten Straße verschlungen. Freudig erregt stießen wir Sätze aus wie: »Sie haben schon unsere Briefe aus Omsk ... Helene ist wieder ganz gesund ... mein Schwager hat 'n Jungen – Henry soll er heißen« ... aber da stieg mir plötzlich der Mostrich in die Nase!

»Hör zu, Andrieux! Monsieur Gillet und seine Konstrukteure haben die Rosy in Paris besucht – sie seien ganz zufrieden, daß die Maschinen so gut liefen – aber wir hätten soviel Zeit in Moskau verloren! (Stimmt – acht Tage!)« »Ob wir die Brücke über den Wodka solange suchen mußten« – die finden das komisch und Rosel auch – das geht doch wohl zu weit! ... Diese Hornviecher können sich nicht vorstellen, mit welcher Behutsamkeit wir vorgehen mußten – sie ahnen nicht die elementarsten Schwierigkeiten wie Einkaufen, eine Wissenschaft in dieser Riesenstadt! Eine Bleibe zu finden und nachts zurückzukehren ... im Regen, wenn alles anders aussieht!

Ihr Provinzler aus Herstal mit drei Straßen maximal ... euch möchte ich sehen beim Suchen nach einer Druckerei von früher – irgendwo in der Vorstadt – längst verboten – auf jeden Fall geschlossen ... um die unabdingbaren und wichtigen Landkarten zu ergattern – und zu bezahlen! Womit? Mit Dollars natürlich – streng verboten – also den Rubeln – kein Anreiz, ja, findet mal dieses alles heraus und mehr!

Den einzig richtigen Mann mit dem wichtigen Stempel: Sesam öffne Dich, der auch noch in Primorje (gegenüber von Nord-Korea) gilt und verstanden wird. – Das alles erledigten wir – stets gefolgt von einer Meute von Rad- und Motorradfahrern. Es war nicht böse gemeint, war auch keine Überwachung, wie wir endlich am letzten Tag herausbekamen – es war Neugierde!

Wir waren eine Sensation, Menschen aus einer anderen Welt – einer ganz schlechten vielleicht – aber Sendboten – Marsmenschen ... Die liebsten Motorradgeschichten-Erzähler fallen Dir auf den Wecker, wenn sie Dir hartnäckig bis in das intimste Örtchen folgen! Henry fand immer neue Tricks zum Abschütteln: fuhr gestikulierend um einen Platz, mit Denkmal in der Mitte. Da hätte er doch nun an drei Stellen abbiegen können – leicht zu folgen, oder nicht? Er fuhr anderthalbmal herum ... aber das nützte nur 30 Minuten lang! Dann hatten sie uns wieder eingeholt, so leicht, als ob wir mit roter Leuchtfarbe angestrichen gewesen wären. Und sie wollten ja nur wissen, was ein Drehschieber ist und ob wir nicht gutes Wort für sie einlegen könnten, wenn die erste Gillet-Lieferung nach Moskau käme! Sie waren doch auch wieder nützlich und so hilfsbereit – schleppten uns bis zu sich nachhaus – natürlich meilenweit, um einen Krimwein zu kosten, dessen Beschaffung allein eine Geschichte wert war, die wir nun ahnen konnten. Wir durften nicht ›auf die Tube drücken‹ – Vertrauen wächst in der Stille, denn Bescheiden und Vertrauen war es, was wir zu gewinnen hatten (nachdem es langsam klar wurde, daß wir sicher keine Spione waren!). Und wie sich revanchieren . . . la Tour d'Argent war weit, hier herrschten andere Sitten. Denke doch an den vorletzten Tag, Henry: zehn Verabredungen! Nicht alle nutzvoll – wer weiß das so sicher? Es begann um 8 Uhr auf dem Krasnaja Plost Schad – zum 20. Male! Der ›Brillenfrosch‹, wie Henry ihn nannte, mußte uns noch den St. Georg-Saal zeigen! Wir hatten so gelacht über seine Darstellung des Romanow-Geheimzimmers, das er mit einer Winzerstube verglich!

Beim Brokatkleid Katharinas kam er auf die von ihr ins Land geholten deutschen Siedler. »Sie brauchten 30 Jahre lang keine Steuern zu bezahlen« – mag ja interessant sein, aber was kommt nun noch, dachte ich ... Da holte er einen großen Bogen mit Stempeln und vielen Unterschriften heraus ... »das ist für Euch« – die sogenannten Papiere. In der Minute, die folgte, hätten wir starten können ... aber wir hatten noch 9 dates!

Darunter der Automobil-Club – GUM, das Woolworth für Arbeiter, Verabredung mit dem Chef der Ostprovinzen (dem Mann, der uns unbedingt eine Waffe aufhalsen wollte, denn dort gibt es Bären) und dann der Abschied von den Sportkameraden der Rallye 1925 ... das ging doch nicht schneller! brüllte ich fast auf der Straße ...

»Nein, Sexé, das ist nicht klar. Das hätten Sie alles haargenau beschreiben müssen – nur dann hätte es der patron begriffen!«

»Ja, der patron! Bis jetzt fahren wir mit meinen Dollars! Patron – patron« so ging's mir durch den Kopf, als sie am Golden Gate entlang irrten. Hier wenigstens konnte ich sprechen, diskutieren, handeln und fechten: »Hee, wo wohnt die Sonne?« – »Follow the upper Tramwayline till Neal-Street! You'll see the biggest building on your right. The SUN should be at the 20th floor!«

Am Bordsteig war kein Platz zum Parken – schon damals gab's kaum noch Fußgänger. So verschwanden wir im Keller – dem zweittiefsten. Kein Licht – wie in den Höhlen am Baikal. »Was wird mit dem Gepäck«, murmelte ich. »Sie sind hier in Californien«, antwortete ein Autobesitzer, »hier wird nur höchstens am Wochenende ›geborgt‹« ... So fuhren wir im Sibiriendress zur Freude der korrekten Strohhüte und glattrasierten Gesichter solange im Lift rauf und runter, bis ich das Schild »SUN« entdeckte. (Die Etagennummer war durch Putzen erblindet.) Die Sekretärin strahlte uns an, als seien wir die liebsten Gäste – der Chef hatte alles durch die offene Tür gehört und winkte ... »Bring sie rein, Cathy – und Café für uns alle.« – Da bekam ich einen freudigen Rippenstoß von Henry – endlich Café. – Noch niemandem ist es gelungen, einem Journalisten etwas in einem Stück zuende zu erzählen ... immer muß er Zwischenfragen stellen! Weil die Leute nicht logisch denken können! Ich hatte dabei längst alles komprimiert – den Titel Sibirien-Transfer gefunden und war noch nicht mal – wie sonst immer (sagt Rosy) – über Nebensächlichkeiten gestolpert. Der Zeitungsmann dachte natürlich bereits in Sätzen und im Fettdruck.

»Diese Frogs, verkleidet wie Cowboys, zuckeln durch die gesamte Sowjetunion, und unsereiner bekommt nicht einmal ein Visum für Moskau. Und geholfen wird ihnen auch noch« ... Doch während ich weiterhetzte in French und Russisch, notierte er so nebenbei in Kurzschrift – und, oh Wunder, am nächsten Morgen konnten wir lesen, was ich gesagt und längst wieder vergessen hatte.

In den 40 Minuten des Interviews stürzte etwa eine Kompanie Männer oder Frauen durch's Zimmer, gab sich aber mit seinen eindeutigen Zeichen wie ›kann warten – rutsch mir den Buckel runter‹ zufrieden. Dann sprang er schon auf: »Ich muß leider weg zum 4000. Prohibitionsprozess ... Cathy bringt Sie ins Restaurant. Auf alle Fälle Treffpunkt Hollywood in drei Tagen. Ich bring Euch überall rein« ... Das war's. Henry sagte: »Papa, neue Reifen, jetzt oder nie!« So donnerten wir aus dem Keller. Cathy winkte Henry (schon wieder eine touche?) ...

DIE WESTKÜSTE BIS HOLLYWOOD

Das Goldene Tor war im Nebel verschwunden, als wir am Morgen von den Indians des MC Frisco auf die Straße Los Angeles-Hollywood gebracht wurden. In L. A. wurde gerade eine wilde Verfolgungsszene von Harold Lloyd gedreht, in die wir hineingerieten ... genauer, in das verfolgende Auto (Ford T, jedoch 1,60 m breit) der Polizei. Diese machte uns wütende Zeichen, an die Bordschwelle zu fahren. Henry schaltete falsch und verstand ›hinterher fahren‹ und so kommt es, daß in dem betreffenden Streifen, der nicht noch einmal gedreht wurde, die Polizei – um einen Weltfahrer verstärkt –, verfolgt.

In ›den Engelchen‹ (Los Angeles) schien auch das Hotel für Burlesken konstruiert zu sein: Der Empfangsraum hatte zwei vergitterte Schalter, an der Wand hing die Pistolensammlung des Empfangschefs (17 Jahre alt), und im Teeraum lauschte eine andächtige Menge dem Gegurgel, das aus einem rokokoverschlungenen Möbel hervorquoll: die Neunte von Beethoven. »Wie klar die Töne kommen«, wisperte eine stadtbe-

Meisterprüfung in Hollywood. 2

kannte Persönlichkeit ... Zum dritten Stock führte ein Express-Fahrstuhl. Von da ab ging's außen am Haus entlang über Feuerleitern und Balkons ... die Aussicht war zauberhaft vom siebten Stock aus – man glaubte schon, in der Ferne San Diego zu erkennen und die Halbinsel Baja.

Das war natürlich eine Fata Morgana. Mysteriös waren auch die Betten hier. Als Schrankwände verkleidet standen sie da und wartete auf ihren Meister. ›Nicht mit Gewalt‹, erläuterte der groom und drückte auf Knöpfe, worauf sich das Bett einladend zur Benutzung absenkte. Wir benutzten es zunächst, um den Inhalt der Kamelsäcke darauf auszubreiten, um zum Beispiel jene verzwirbelten Bindfäden herauszufischen, welche man noch vor zwei Monaten als Schlipse identifizieren konnte. Ach ja, und da waren ja auch noch haufenweise Filmpacks. Wie wäre es mit einem Foto vom Balkon aus? Die Contessa Nettel war damals des Reporters Werkzeug ... teuer, aber nec plus ultra! Der Schlitzverschluß allein – zwei Röllchen mit angeklebter schwarzer Gardine sollten sogar tropfenfester sein als Compurverschlüsse.

Ich brauchte die Brille, um die mikroskopischen Verschlußzeiten zu lesen und die Entfernung zu schätzen ... laut Prospekt eine Sache der Gewohnheit wie auch die Kontrolle der Schärfe per Mattscheibe. Kurz, wer eine Engelsgeduld aufbrachte, konnte auch scharfe Fotos machen.

Dem Bett jedenfalls dauerte es zu lange: als wir vom Balkon zurückkamen, stand es bereits wieder stramm senkrecht. Hemden, Socken und Geschenke waren in seinem Krokodilmaul verschwunden ...

Wie versprochen, war der SUN-Redakteur aus St. Francisco erschienen und hatte uns fast mit Gewalt in seinen Oakland gestopft. Wir rasten zuerst zu einem Meeting der Journalisten, wobei die flachen Fläschchen umgingen, die sich so gut in der hinteren Hosentasche verbergen lassen. Nach dem dritten Schluck der Moped-Klasse (50 ccm) gingen wir mit eben gekauften Krawatten geschmückt zum Empfang des »Scheichs« Rudolph Valentino. Die professionellen Rausschmeißer am Eingang beäugten die Schnürstiefel und die schmerzgefalteten Lederhosen der Ehrengäste – sagten sich aber ›die sind vielleicht als komische Einlagen engagiert‹ und ließen uns rein. »Ist alles relativ, Henry«, flüsterte ich ihm schnell zu.

»Guck Dir doch bloß diese Kiepen an, die die Damen sich ohne zu zögern auf ihre Bubikopf-Frisuren stülpen! Warum Komplexe haben?«

»Die hier kommen direkt aus Sibirien« erschallte die deutliche Stimme unseres SUN-Freundes. Alle drehten sich um, denn Amerikaner sind anders als Europäer – sie tragen keine zementierten Vorurteile spazieren. Wer gefällt, kann schnell ein Freund werden. Und plötzlich war es nicht mehr peinlich, drei Kellner hinter jedem Stuhl zu haben.

MOJA – WEHEN

Nach Barstow wollten wir und dann durch die Mojawe (Wüste). Zunächst sollte man San Bernardino anpeilen, das wir für einen Vorort von Los Angeles hielten ... wir fanden es schließlich per »high-road«. Auf den Karten eine kräftige rote Linie, existierten diese in beeindruckender Breite ausgangs der Städte und in recht guter Qualität ... nur nach zwei bis drei Meilen befanden sie sich nur noch in einem fortgeschrittenen Rohzustand (terre battue). Dennoch sehr nützlich, ersetzten sie uns die absolut fehlende Beschilderung (›Wo sind wir eigentlich‹, war immer die zweite Frage, wenn wir uns abends nach einem Hotelzimmer erkundigten).

Aber es gab das Ford-Automobil. Die damit über Land schunkelten, hatten unser Tempo und wußten Bescheid. Stellen Sie sich vor: damals hielten Autofahrer noch an, wenn man sie fragte! Was Monsieur nicht wußte, ersetzte seine bessere Hälfte und gleich mit Lokalkolorit, wie »Boulder City ist ja eigentlich gar keine Stadt . . . man kann das Hotel ›Die nie versiegende Quelle‹ darum kaum empfehlen. Bedenken Sie, vor 15 Jahren waren das alles Räuber . . . heute sagt man vornehm Gold-digger dazu.«

Daß durch die Mojawe keine high-road führte, ja nicht einmal geplant war, wurde uns sofort klar. Immerhin gab's Spuren. Gelb war sie, die Mojawe. Gelb ist eine warme Farbe, und gelb waren selbst die Felsen und auch die mannshohen Kakteen. Gelb vom Staub, wie unsere Gesichter nach zwei Stunden Trödelfahrt im beträchtlichen Abstand voneinander, um nicht den Staub des anderen zu schlucken.

Eine winterlich kühle Wüste.

Dank der Lederkleidung fror man nicht. Ein Vorgänger, vielmehr Vorläufer, hatte uns eine Staubwolke hinterlassen; so sehr wir hetzten, wir kamen dem Unbekannten nicht näher. Einmal hielten wir an und mußten wirklich lachen: Henry trug einen Nikolausbart . . . auf meinen Lippen und Wimpern lag eine Kruste. Die Zähne knirschten, und das ließ einen an den armen Motor denken. Der hatte zwar einen Filter, von Languesse in »letzter Minute« erdacht, ausgeschnitten, gebogen und gelötet.

Man schwor damals auf das System Ölbad: die staubtragende Luft sollte an Öl»wänden« oder -Flächen den Staub absetzen. Brach man einen eventuellen Versuch im Moment ab, wo das Öl gerade erst gesättigt war, so konnte man stolz verkünden, der Ölbadfilter hält zwischen 85 und 95 % des Staubs zurück, bravo! Und danach? Na, Ölfilter reinigen, neu füllen, was denn sonst? Aber wann war dieser richtige Augenblick gekommen? Ehrlich: nur weil unsere Reise davon abhing, schauten wir nach... eine Art Ziegelstein – trocken wie Mürbegebäck – so bot sich das Innere des Filters dar.

Für solche Korvee war der Pinguin einsame Klasse. Mit der Pingeligkeit eines Obertertia-Paukers kratzte er die Dinger sauber, ölte

usw. – mitten im Staubzentrum der neuen Welt. (In Albuquerque, bloß 900 km weiter, war ein neuer Drehschieber fällig.) – Solange wir gerollt waren – kein Gedanke von Wüste, Einsamkeit, Verlassensein; aber nun . . . Gedanken (Sorgen). Die Reise spielte sich eben im Kopf und in der Wirklichkeit ab. Was sollte passieren? Selbst wenn die Kolbenringe sich von 2,5 mm Dicke auf ein Millimeterchen abgeschliffen hätten, das kann ganz schnell (ohne Filter) passieren. Der Weg war ja eine Abkürzung, und solange etwas abzukürzen ist, nehmen alle Leute seit 1000 Jahren die Abkürzung. Irgendwer würde schon kommen . . . so ein bißchen in Gedanken sich graulen! Nein, so auch wieder nicht: nach acht Stunden immerzu nur Staub und Staub und ein Weg, der die sonderbarsten Biegungen machte (vielleicht gar westwärts statt ostwärts?) und eine Sonne, die sich nicht klar und deutlich zeigen wollte – da kamen Zweifel, ob es gesund sei, nachts an der Erde nur mit einer Decke zugedeckt zu schlafen, während ein Windchen oder Wind – warum nicht gar ein kleiner Hurrikan ein bißchen »Pfeffer und Salz« durch die Luft wirbeln würde?

Wir hatten noch nicht unser Maß an Überraschungen voll: noch 'ne Reifenpanne (hinten) war fällig. War das ein Thema für einen Alptraum? Wir mußten den knochenharten Reifen von seiner Felge zerren – auf einem Erdboden, der aus Puder bestand ... das ganze Rad rutschte weg, vergrub sich immer tiefer in der gelben Mehlspeise und wir mit ihm. Wenigstens war die wasserlose Einsamkeit mit losen Steinen aller Größen besät – sie konnten als Amboß oder Werkbank dienen, fanden wir heraus ...

Und wir fanden auch auf unserer Route eine Oase mit einem Bauwerk, das immer nur rätselhafter wurde, je näher wir kamen. Es war nämlich eine Windmühlenwasserpumpe, für die Lokomotiven einer Eisenbahnlinie errichtet,

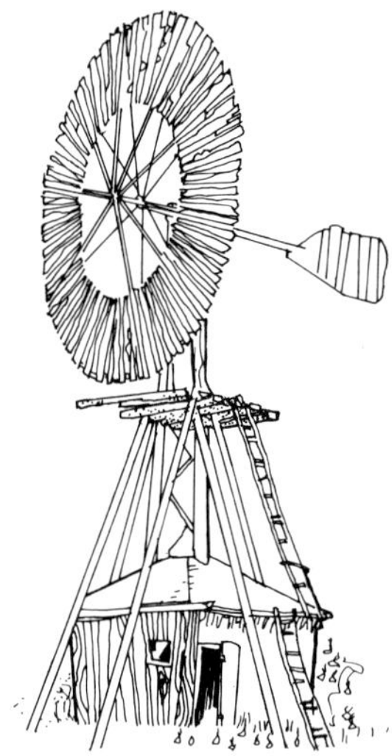

OLD WIND MILL
FÜR WASSER.

die nie gebaut wurde. So blieben wir dort – anstatt Versuche anzustellen, wie es sich in mondloser Nacht im Sand fährt; das Innere war fast aufgeräumt . . . auf den langen Bänken hatte sich wohl schon mancher Mohawejaner ausgeruht. Die ganze Nacht quietschte die uralte Maschine und pumpte immer noch Wasser in die Sandberge . . . seit 1880 . . . seit 46 Jahren – phantastisch!

Von wo waren wir eigentlich gekommen? fragten wir uns in der Morgensonne. Rings um die Hütte war Sand mit unzähligen kleinen Flecken von braunen Büschen – kein Grün in der Ferne zu sehen – weder Bäume noch richtige Berge... Aber da war die Sonne (und der Kompaß) zur Orientierung – und schließlich Spuren von irgendwelchen Flivvers. Man sollte sich nicht beklagen. Wir rollten schließlich ganz schön flott über die jungfräuliche Wüste . . . wieder in weitem Abstand voneinander und mit einer gigantischen unendlich langen Staubfahne hinter uns – gegen das schräg auffallende Sonnenlicht eine Flamme! Ab und zu verließ ein verängstigter Waschbär sein sicheres Versteck und galoppierte vor oder neben uns. 40 km/h war schon zuviel für die Tiere mit dem lieben Clowngesicht.

Am Mittag wurde es doch grüner, und wir trafen auf vier kastenartige Hütten, zu denen ein indianisch aussehender und spanisch sprechender Mann gehörte. Er besaß folgende Raritäten zum Verkauf: Wasser, Salatöl, Wurst, Tomaten und Benzin . . . kurz, es war, was man heute eine Tankstelle nennt, und wir zahlten gerne das Doppelte für die Tomaten. In nächsten Ort, nunmehr 30 km entfernt (Needless) wurden wir gefragt: »Habt Ihr etwa bei dem Gauner Benzin gekauft?« ...

Doch noch vor den lieblichen Tälern des Weges am Colorado entlang oder wenigstens parallel zu ihm trafen wir auf eine Geisterstadt – entstanden rund um eine Goldmine. Da sickerte tapfer ein Bächlein bis zu einem eingestürzten, flachen Waschbehälter und wurde weiter entfernt nochmals sichtbar. Längs der mageren Quelle erhoben sich Akazienbäume, welche schon die Goldstaubwäscher beschattet hatten – die »Fabrik« mit ihren Förder-strängen schien noch intakt; die Wohnhäuser standen alle wind-schief in einer Richtung, wohl je-ner, die der letzte Tornado ge-nommen hatte. Ein Saloon besaß sogar eine Veranda – da war Henry nicht mehr zu halten. »Sexé, alles echt! Es sind sogar noch Flaschen da.« Ich fand ihn sinnend in dem staubigen und plundrigen Mobiliar sitzend – of-fenbar spielte sich bei ihm das Sce-nario Nr. 233 ab: der Wirt ver-weigert einem Betrunkenen ein letztes Glas – da greift dieser zu seiner Smith and Wesson ...

Ich gehe ja auch ins Kino ... wie konnte ich Henry ein Foto dieser verstunkenen Racoon-Zufluchtstätte verweigern? Mit Blende 4,5, meiner größten, 15 DIN und $^1/_{25}$ sec, meiner langsamsten, war ich sicher, daß seine Yvonne mächtig gut gelaunt sein mußte, um auf dem Negativ Flaschen und einen Schanktisch zu erkennen. – Wichtiger: in aller Ruhe und ohne zuviel Verluste hatten wir die Mojave hinter uns gebracht ... ohne fremde Hilfe.

ZWEI LINKE DAUMEN – FREITAG, DER DREIZEHNTE . . .

Während unsere Freunde in Neustadt und Paris inzwischen irgend etwas Nützliches taten, nutzten wir die Sonnenstrahlen ab. So kam es uns vor. War nicht das Fahren die Hauptsache? Richtig, aber was man für Zeit mit banalen Dingen verpulverte, wie Durstlöschen, den Wanst füllen (und das Gegenteil), Einpacken, Auspacken, Rasieren, Suchen . . . ja Suchen – das war das Schlimmste!

Eine bestimmte Form von Suchen mußte eine Krankheit sein. Wie kann man das Rasierzeug suchen, wo es doch keinen Tropfen Wasser gibt? Und der ungezähmte Hippiebartwuchs war noch nicht als Uniform zugelassen. Es war Suchen um des Suchens willen. Das Einpacken ging dabei mit System vor sich: Umhüllung? – federnd! Rangordnung: durch Erfahrung! Aber jeden Tag kam die Disziplin ins Wanken. Das Getränk zuerst, nämlich Wasser, war die Devise. Milch, die uns manchmal lieber als Wasser gespendet wurde, war mittags (bei 45° C) zu Butter geworden – den warmen Molken hätte man eventuell noch stagnierendes Sumpfwasser mit Mikroben vorgezogen. Ein Brotkanten – ein Käse . . .

Und nun die (Land)Karte des Tages ins Futteral auf dem Tank. Zwischen Festzurren und Nachdenken kam der Abschied von der Wirtsfamilie. Wie viele Male in Sibirien lief zum Abschied die halbe Ortschaft nebenher! So geschah es auf die natürlichste Weise der Welt, daß die Thermosflasche nicht verschlossen wurde, immer noch die Karte von gestern obenauf lag, die Schachtel mit den Ventilen verräumt war, obgleich sie doch so traurig oft gebraucht wurde . . . denn Großmütterchen hatte Dich beim Abschied gesegnet. Du lasest in ihren Augen: Ihr Kinder aus einer komplizierten Welt – Ihr kennt noch nicht die Geheimnisse unserer Steppe. Wir brauchten selbst lange, um sie verstehen zu können. Erinnert Euch an sie, wenn Ihr jemals nachhause kommt ... weshalb lauft Ihr so eilig fort?

Da kann man nicht einfach auf den Kickstarter trampeln und mit gönnerhaftem Winke, Winke losbrausen. Der andere Zeitfresser war der Zufall. Um gerecht zu sein: er hat uns aber auch geholfen – doch nicht an jedem Dreizehnten ...

An so einem Tage spielte er seine sonderbaren Spiele mit uns. Die Post machte gleich zu – per Moto seien es nur fünf Minuten; ich hatte hinten einen Platten – in Henrys Maschine war gerade kein Tropfen Benzin mehr ... »Fahrt doch über die neue Brücke, Ihr spart gute acht Kilometer«, riet man uns. Sie war zwar gestern eröffnet worden, jedoch heute wieder geschlossen (das Geländer war nicht fertig!). Polizisten widerspricht man nicht. So fuhren wir zum zweiten Male über das angefangene Straßenprojekt, verpaßten das Boot – die Wolga ist eine Art See bei Volskr – verfuhren uns in Zelenodolsk und kamen mit plus 15 km nach Kasan.

Um die Maschinen gegen Regen zu schützen (seit drei Wochen war jedoch kein Tropfen gefallen), stellte der freundliche Gastgeber unsere Mühlen unters Vordach seines Hangars. Am nächsten Morgen waren sie unsichtbar, nämlich hinter 300 Kisten Rotkohl eingekeilt, dem abzuliefernden »Soll«.

Daß unsere Maschinen gerade vor einem Dampfer »NORJE« abgefertigt wurden, beunruhigte uns stark. »Unsinn, Sie haben nur noch die Expeditionskarten auszufüllen und anzubinden und dann basta!« Zufällig kamen wir nochmals den Kai entlang, da hing Henry's gerade verkehrtrum in der Luft ... und überm Deck der Norje! Der neue Name »SIBIRIEN« unseres Schiffes war in 80 cm großen Buchstaben am Heck »lesbar«.

Mit den fröhlichen Sängern des Henderson-Club St. Louis war eine Bierreise unvermeidlich. Im ersten Pub war der Vorrat bereits zuende. Im zweiten kam die Polizei hinzu und mikroskopierte unsere Ausweise. Der Clubpräsident warf ein: »Die interessieren sich überhaupt nicht für Alkohol« . . . Im dritten Saloon war knapp die Bestellung aufgegeben, da traten die gleichen Cops durch die Tür . . . und es war nicht Freitag, der dreizehnte! »Ungerecht«, sagte Lyonel, der mir über die Schulter guckte, als ich das schrieb, »sie haben Euch doch nichts getan! Nur gelacht haben sie.«

Und in Wladiwostok am Hafen, wo unser Schiff sozusagen »Bereit« stand, während das nächste erst eine Woche später abgefahren wäre... kein glücklicher Zufall?« Ich würde doch mal lieber schreiben, was für unglaubliche Glückspilze Ihr wart...« »Stimmt, Lyonel – es steht ja auch alles deutlich im Text, wie alle unsere Dusseligkeiten auch!«

DES COLORADOS SCHLUCHTEN

Der nette Indian – berittener Polizeioffizier aus Beverly Hills hatte geraten: »Wenn Ihr mit dem wegelosen Sibirien fertig geworden seid, dann solltet Ihr Euch die Ufer des Colorado leisten . . . zum Beispiel von Boulder City bis Page. Dann kommt Ihr an diese grandiosen Mauern aus Felsen! Wozu ein Tourist Pferde und vier Wochen braucht, könntet Ihr von einem frühen Morgen bis zum späten Abend alles abfahren . . .«

Auf Mac Nally's Road-Atlas führten nur wenige kleine Wege bis an die Schluchten des Colorado Cañon, meistens endeten sie respektvoll davor (mit Rundsicht-Fernglas und Schlitz für die 10 Cent-Münze?) – Aber schließlich – versteht überhaupt jemand »Welttour mit Termin«? Kaum! Sollten wir uns also sagen lassen: Ihr habt weder die unterirdischen Höhlen von Karlsbad gesehen, noch den wilden Jam sessions in New Orleans beigewohnt (und das, während der Dixieland-Jazz seinen Höhepunkt erreicht hatte), seid an den Baumwollpflückern und Rodeo Fiestas der Cowboys und dem 500 Meilenrennen von Indianapolis vorbeigerast . . . und Schlimmstes: Ihr habt den Grand Cañon des Colorado keines Blickes gewürdigt . . .?

Nur Franzosen, die alle eine Vier in Geographie gehabt haben, können eine solche kreuzundquere Route hervorsprudeln. Darum brachen wir von Needles nicht nach Südosten auf, wie die Vernunft es befahl, sondern nach Norden . . . Schon am anderen Ufer von Needles erkannte man in der Ferne gespaltene Felsenabhänge – der Breite nach in rot und gelb gestreift. Die Spaltung in der Vertikalen ließ einen glauben, daß dort eine enorme Volksmenge von Giganten zu einer Versammlung gekommen sei. Felsgruppen wie Familien – eine feiste Mama und viele dürre Kinderchen drumherum warteten geduldig ... zumindest auf Sonne, Nacht und Regen, die sie einst modelliert hatten ...

Als wir durch Boulder City über den Black Cañon rollten, nahm uns der Blick auf den Mount Wilson gefangen. Hinter dem See erahnte man etwas Enormes, aber erst am Lake Mead kamen die von Eruptionen hervorgerufenen Sprengungen eines ganzen Felsmassivs in Sicht. Die obersten Gesteinshaufen waren durch die Sonne des Mittags in sattes Gelb getaucht. Einige 50 Meter tiefer war jeglicher Felsen von rot- oder rostbrauner Farbe, wie wir sie schon an der pazifischen Küste bemerkt hatten. Nichts als der Anblick von Etagen, die sich gleich Wildwegen ein Stück verfolgen ließen und dann brutal in einem 30 Grad-Abgrund ausliefen, nahm uns jeden Mut, irgend einen anderen als den allgemeinen Weg zu suchen. Schon am Grunde dieser zerrissenen Felswände war der Boden dicht bewachsen, doch rollten wir ganz flüssig dahin und hatten noch Zeit für die Steinzeit-Natur in Ocker mit ihren einzelstehenden Türmen, die aus Versenkungen himmelwärts wuchsen.

Mit der sinkenden Sonne wechselten die Farben der Felsen ... gegen 5 Uhr hatten sie nur noch einen schmalen gelben Hut, darunter bis zu »unserer Tiefe« war alles in Blau und Violett getaucht ... es war, als drängten sich die Vorsprünge nun dichter heran. Das Wasser des Colorado, eben noch so blau, wurde weiß und wurde zu einer Riesenspalte, die Dies- und Jenseits des Flusses in zwei Welten trennte.

Damit waren wir in der Reservation der Hualapai-Indianer gekommen, wie uns ein Schild belehrte. Aus den Spitztütenzelten stießen Hualapai-Kinder – mehr bleichgesichtig als rothäutig – mit Fahrrädern zu uns, und mit Lü-Lü-You-Lü-Lü-Rufen begleiteten sie uns bis zu einem Nebenarm des Colorado. Da der »Bach« einen dreiviertel Kreis beschrieb, sahen wir keinen Übergang; so zahlten wir gern einen Quarter für die versteckte, aber entsetzlich wackelige Hängebrücke und hatten sogar noch fleißige Hilfe über den schwankenden Lattenweg.

Noch immer dicht entlang dem Grand Cañon nahmen wir dann einen Trapperweg – etwas zurückversetzt von der großartigen Szenerie –, um noch vor völliger Nacht (ohne Mond) zum Dörfchen Grand Cañon zu gelangen ... nämlich immer noch ohne ein Bröckchen Karbid für die Beleuchtung; und die Fußgänger wichen nicht zur Seite, weil sie unbedingt sehen wollten, wer das sein könnte, der noch per Ballhupe und Leerlaufsalven »klaxoniert«.

Page war eigentlich unser Ziel. Daß es bis dort und von dort ab wieder durch eine Sandwüste ging, hätte uns der Name des folgenden Ortes »Desert View« sagen müssen. Zunächst aber träumten wir erst in Grand Cañons bestem Hotel (das Zimmer 1,50 Dollar) von den Felsgesichtern, die immerzu die Farben wechselten.

DIE MITBRINGSEL

Eine Felljacke mit mongolischen Ornamenten, ein Burnus, Wetterhahn und viele Dolche waren die Beute aus dem wilden Rußland. Und Japan? Auf Schritt und Tritt folgten uns Drachen – die schönsten aus Jade. Andererseits lockten Paravents. Solche Papierwände in Rost – Braun und Goldtönen einer durch die Jahrhunderte immer mehr vereinfachten Malerei waren für uns Wanderer auf allen Wegen eine Erinnerung an das Halbdunkel der japanischen Marktstraßen ... jene Schluchten oder Tunnel, wo das Tageslicht durch Stoffbahnen gefiltert alle Gegenstände mit warmen Farben vergoldet.

Da man aber auf dem Motorrad bekanntlich kaum eine Zeichenmappe mitschleppen kann – viel weniger einen Paravent – dann also Drachen? Vielleicht pocket dragons? Als Japan und China entdeckt wurden, drangen deren Drachen in die Meissener Porzellanmanufaktur ein, um eigentlich noch viel schöner daraus wieder erweckt zu werden. Warum also Eulen nach Athen tragen? Drachen nennen wir ja auch die kites. Drachen aus Papier mit Drachenfratzen hatten wir schon an Bord.

Als ich am Ausgang Hiroshimas nach Henry suchte, fand ich ihn mit dem Großeinkauf von Puppen beschäftigt. Das war unser Hauptgeschenk für unsere Frauen und das, was unsere Säcke so enorm anschwellen ließ.

Wie man auf dem Foto des Goldbergwerkes in Arizona sehen kann, waren unsere Kamele in USA ganz mager geworden. Wir brauchten ja nicht mehr Reifen und Benzin spazieren zu fahren ... wir hatten die »erste Sammlung« als Ersatz für lange Briefe heimgeschickt. Aber – unerwartet ging in Californien, New-Mexiko und in Pennsylvanien unser Antikshopping erst richtig los ... nur blieb es meist beim Anschauen und Fragen – die Objekte waren zu groß! Urgroßvaters Pflug, hellgrün bepinselt, war zum Beispiel ein beliebtes Wahrzeichen zur Orientierung in ewig gleichen Häuserzeilen. Auch alte Kanonen, Anker oder Kutschenräder erfüllten diesen Zweck.

Bei uns war auch garnicht die Sammelwut das Motiv, sondern sozusagen die »Begegnung mit dem alten Europa«, die wir in den Leuchtern, Vertikos, Glasschränken, Küchengegenständen und den vielen Zunftzeichen suchten. Trompeten-Engel und Meerjungfrauen standen nicht gerade aufgebaut für uns am Wege, doch wie es in Paris den marché aux puces und in London Carneby-Street schon immer gab, so hier unzählige fleemarkets ... und auch bereits shops für gebrauchtes Kriegsmaterial. Ein german Torpedo gefällig? 80 Dollar? Zu viel für uns, aber wir durften reingucken: da war ein Vierzylinder-Sternmotor drin. Der sei mit Petroleum gelaufen ...

Unsere Epoche war ja auch die der Fliegerei »en herbe«. Als wir am 10. November durch St. Louis kamen, hörten wir von einem gewissen Lindbergh, der in vier Monaten einen Hochdecker fertig haben würde für den Ozeanflug West-Ost. Aber fast mehr noch sprach man von alten Vögeln. Jederman konnte auf dem Lande seinen second hand SPAD herumzwitschern lassen – jeder, der sich selbst das Abheben vom Boden beizubringen wußte – noch wachte kein Ausschuß über jeden Dreck – vor allen Dingen waren keine drops-outs in Kommissionen untergetaucht ... die Macher, die Praktiker und die Novateure waren noch am Zuge – das »Beschützen des Bürgers« war unpopulär. Nie hätte ein cop nach einem Sturzhelm gefragt, nicht mal nach einem Führerschein (wo hatten wir ihn versteckt?), um die Mitbürger zu beschützen.

Es war erst acht Jahre her, daß die jungen Leute auf ein Trompetensignal hin gegen Maschinengewehre anstürmen mußten. Und der kleine Hauskrieg im Dschungel von New York und vor allem von Chicago war sozusagen noch im Stadium der Quasi-Perfektion. So stießen wir auf Flohmärkte, wo als Spezialität die fürchterlichsten Waffen verkauft wurden, scheinbar achtlos übereinander gestapelt. Der Patron im Hintergrund lauerte auf den interessanten Kunden (diesem wurden auch die nötigen Explosivstoffe angeboten). Wir hatten aber keinen Garten zu verschönern mit der Feldkanone XMK II (Sockel dazu gratis). Lieferung nach dem Ausland, das machten sie auch. Wir kauften jeder heimlich eine Smith & Wesson ... kein Pazifist kann so einem nickelblitzendem Spielzeug widerstehen. Man muß sich doch auch selbst was mitbringen!

TECHNISCHER NACHMITTAG (FORD- ODER RÜCKSCHRITT)

»In a little spanish town« war ein beliebter Schlager, der häufig aus den Papphälsen der Kneipenlautsprecher ertönte ... und in so einer Yumo – Picacho oder Agua Caliente – wer weiß es noch – stoppten wir vor einer Kombination Shop und Werkstatt. Die Hauptattraktion dieser organisierter Gelegenheitskäufe war das FORD-Schild und unser Begehr: Karbid für die Funzeln, denn mit Beleuchtung hätten wir mehr Kilometer pro Tag schaffen und unser Nachtlager praktischer aussuchen können.

Wie aber kam Ford zu Karbid? Er war damit bis 1915 verheiratet, las ich in einer schlaflosen Nacht im Fordprospekt des Hoteliers. Die elektrische Beleuchtung – eine Strippe über zwei(!) 9 Volt Birnen hintereinandergeschaltet und vom Magnetstrom abgenommen, existierte seit 11 Jahren – das Schlußlicht war »irgendwie anders«. War es vielleicht wie früher mit Azetylen betrieben? Das motivierte unseren Stopp bei Ford-Picacho.

Im Büro vom Boss stand des großen Henry Foto mit Widmung – Kunden wie wir wurden natürlich viel mehr durch ein Riesenfoto des Power-Plant von Piquette Avenue in Detroit beeindruckt: ein Fünfstockgebäude ohne Ende neben einem Feld von Provinzgröße, »bewachsen« mit der Tagesproduktion. Regale bis zur Decke bargen Spulen, Pleuel, Kolben aus Stahl (wie die unsrigen), Zahnräder des Planetengetriebes, den Strom»zerhacker«-Anlasser und all die Einzelheiten der Magnetzündung mit 16 Hufeisen. Zeichnungen daneben erläuterten die acht Stellungen von Gas-Vorzündung und den leichtfaßlichen Ersatz der drei Außenbordbremsen der Kupplungen (erster, zweiter und Rückwärts-Gang).

»Als Intelligentsein noch ein Muß war« – so kann man diese Epoche nennen. Der Chef lachte, »Nein, das Rücklicht ist ein Kerosene-Lämpchen. Nach Karbid müßt Ihr da fragen, wo geschweißt wird; auf Werften, auf dem Bau ...« Und dann kroch er beinahe in unseren Motor hinein; einen solchen ohne Ventil hatte er noch nicht gesehen. Am meisten imponierte ihm das sichere und einfache Starten ... er probierte immer wieder mit gleichem Resultat: ein einziger Tritt, und der Gillet-Motor lief! Phantastic!

Sein Problem war nämlich das Handkurbelstarten der T-Modelle vor 1925. Es war ein Auto für Motorradfahrer – (nicht für alte Damen)! Widerspenstige (nicht die Damen) bockte man hinten einseitig auf und warf per Hinterraddrehen im zweiten Gang an; das war gefahrloser als die böse Handdrehkurbel. Die andere Verwandtschaft mit dem Motorrad: der Reifenwechsel. Wie das Wort sagt, wurde der Reifen, nicht das Rad, was lebenslänglich am Auto blieb, gewechselt! Das galt vorwiegend für die Landkundschaft, die den offenen Viersitzer (Fassungsvermögen eine Dorfschulklasse) für 290 Dollar vorzog. Wer nicht immer mit dreckigen Fingern herumlaufen wollte, konnte für 98 Dollar abnehmbare Felgen und separaten Dynamostarter erwerben.

Was nicht klar ausgesprochen wurde: die Verwandtschaft ging noch weiter: die T-Modell-Fahrer waren self-made-Reparateure. Sie teilten ihre Rezepte einander mit – Anhalten und Hilfeleisten beim Auftauchen eines gestrandeten Bruders der Gilde in Schwierigkeiten war eine Selbstverständlichkeit. Der Zwölfer wie der 24er mit 2,9 l Motor (1500 U/min) liefen 67 km/h, aber nur 50 wurden »empfohlen«, und die restlos entfesselten 22 PS fraßen niemals mehr als 10 l/100 km!

Als Revanche für seine Kickstarterversuche bekamen wir noch die in einer Ecke versteckte 1912er Henderson zu sehen. Die hatte schon Elektro-Starter vor dem 880 ccm-Indian V-Motor sitzend (und Blattfeder-Hinterradfederung). »Push-button-pioneer« – stimmts? Diese Sensation ihrer Zeit kostete 325 Dollar, hatte zwei 6 Volt-Batterien und einen Stromregler (Autos hatten noch keinen) ... aber keinen Erfolg? »Die Polizei mußte die Volksmenge vor dem Showroom in London, wo ich sie kaufte, zerstreuen, den ganzen Tag über wurde der Motor angelassen ... Wenn Vintage-Poeten meinen, »zu sehr avant-garde«, sagte ich immer: drei Tage später wurde der Krieg erklärt ... Da dachte man bei Hendee mehr an Armeelieferungen.

Unser neuer Freund jedenfalls hatte wohl seine beruflichen Sorgen des Starterproblems mit der Sammelleidenschaft vereint: Er zeigte uns noch eine »Flying Merkel«, – 0,9 Liter V-Motorrad mit einem Federstarter, der sich während des Laufes selbst aufzog (oder aufziehen sollte!) und darum vertrauensvoll EVER READY genannt wurde!

Die Ohio-Miami MFG CO machte in diesem Jahre 60 000 Stück (1913), aber nur fünfzehn Flying Merkels. – Wir standen trotzdem ergriffen vor dem staubbedeckten Ahnen ... Es gab ja eine Zeit, da wollte man lieber an den Pedalen festhalten und spuckte auf den Kickstarter – würde nicht auch die Fußschaltung zunächst als idiotisch bezeichnet? –

»Was sagte man übrigens zum diesjährigen Sieg einer OHC?« Ja, es war wahr – während wir im Ural jene »Treppe« herunterbollerten, hatte eine Velocette 350 ccm mit obenliegender Nockenwelle die Tourist-Trophy gewonnen ... »Ich sage bravo, aber bei aller Liebe – OHC – das ist doch zu kompliziert« ...

So ist das mit den Prophezeiungen der Fachleute: sie gehen immer daneben!

Auf Mac Nallys herrlicher Karte, ohne Brille lesbar, fanden sich braune Flecke mit I. R. bezeichnet... und gerade heute (am 25. Oktober) fuhren wir fröhlich, weil die Sonne noch tapfer wärmte, durch einen solchen Fleck hindurch. Es war Sonntag... auf dem Lande in Neu Mexiko, wo einen die Namen wie Socorro, Tucumari, Puertecito, Chukutcuk an Spanien erinnerten, wenn es nicht schon der Stil der Haciendas tat, hatte das etwas zu bedeuten.

Je nach der Örtlichkeit fand immer ein Rodeo, Wettefahren, Boxen, Barbecuebraten, Flugtag, Ballon-Aufstieg oder Fallschirmspringen statt. Hier allerdings überwog das Interesse an Pferden. Ein Reiterfest hatte stattgefunden – »Einheimische« gegen Indianer. Die letzteren hatten gewonnen – nicht das Rennen, dazu hatten sie noch nicht die zünftigen »Rennmaschinen« pur sang! Wohl aber das Kunstreiten mit Akrobatik (wie wir es heute im Kino an der nächsten Ecke in einem »Western« sehen können) – ich meine mit dem Kopf nach unten, nur am gewinkelten Knie überm Rist des

Pferdes hängend sich in die Kniestellung hochziehen und so weiter... immer Hopp-Galopp. Es waren alles ganz magere Kerlchen mit Gesichtern, die garnicht wild, vielmehr überbrav wie langjährige Bankbeamte aussahen.

Sie trugen lange Wildlederjacken (Henry warf begehrliche Blicke darauf) und lange enge Lederröhren. Das »kurz«geschorene Fell nach innen, das Leder außen mit einem Symbol Eule, Bussard oder Adler geschmückt. Eine Squaw mit langen, offenen schwarzen Haaren in eine Art Panzer aus Tausenden von kleinen, bunten Perlen gewickelt – meist hellblau und rot – war auch dabei, um ein paar Dollar mit Weissagen zu verdienen – oder mit Voraussagen der Zukunft. Mir fiel es leider nicht ein, zu fragen, ob in 40 Jahren sich die Männer immer noch gern als Cowboy verkleiden würden. Ohne Zweifel hätte sie sicher geantwortet, daß im Jahre 1970 wohl an die 150 000 Weiße, die sich Hippie nennen würden, sich auf der Ellipse von Washington versammeln würden. Und alle würden lange Lederjacken mit dem Fell nach innen und Stickereien außen wie ihre Männer tragen.

Der Sieg wurde kalt gefeiert – mit Café und Kuchen – denn wir lebten ja in der Feuerwasser-Prohibition! Ach, Carl May, wenn Du das wüßtest! . . . Und dressiert waren sie auch noch, um nämlich 100 Meilen weit nachhause zu kommen. Wir waren neugierig, wie sie die Preise auf dem Mustang verpacken würden. – Hatten wir nicht auch Mustangs und Verstau-Probleme? Die wohlverdienten Becher waren genau so unhandlich (und scheußlich) wie bei uns! Vielleicht kamen sie sogar aus der gleichen Presse? Die Pferdchen wurden zwar durch einen Jodler zusammengeholt, blieben jedoch ohne Sattel und Zaumzeug . . .??? Plötzlich bestiegen die 12 1/2 Indianer drei ältere Fordwagen und rumpelten davon – die Pferde mit Höllengewieher-Gelächter hinterher – modern times!

Der Nachbar an der leergefressenen Kaffeetafel erklärte es: die Gäule folgen mühelos im 40er Tempo und streckenweise weniger über diese Distanz. Nie und nimmer kann ein Pferd einen Reiter über 160 km in solchem Tempo tragen. – Oder doch? Im Film geht's!!!

ZEUGEN DER VERGANGENHEIT

Daß wir uns wieder vom phantastischen Colorado entfernten, bedeutete nicht, daß nun die Landschaft langweilig wurde. Wie in Californien ging's auf Arizonas gewundenen Wegen an Hügeln vorbei, die teils mit Bäumen von üppig grünenden Kronen bestanden waren und zwischendurch mit gigantischen alten Bäumen, die im Begriff zu sterben waren. Ihre »Krankheit« war das spanische Moos, eine Art von Greisenhaar, das der Wind um die Zweige wickelte und dadurch das Wachstum erstickte ...

Wie die Natur an Werden und Vergehen erinnerte, so auch das Goldwäscherwerk an der Grenze der beiden Provinzen, und auch die ersten Ölgewinnungsanlagen, nunmehr 50 Jahre alt. Sie waren schon seit 1900 pensioniert, seit man Quellen fand, die unter Druck den kostbaren Stoff lieferten ... doch der Dornröschenschlaf wurde 1913 unterbrochen: es gab nicht mehr genug Benzin für die 380 000 verkauften Autos! Bisher machte man Leuchtpetroleum aus dem Erdöl (und schmiß alles andere an Nebenprodukten fort) der Absatz war jammervoll gering: die Leute, die es brauchten, arbeiteten zu viel ... ewig müde ... früh ins Bett ... brannten kein Licht!

Also 1913 wachten sie auf – Benzin her! Und der vorsintflutliche, aber zuverlässige Rigg von Großvater mußte wieder pumpen. Wie? In der Mitte des Terrains stand eine Dampfmaschine mit Riesenschwungrad. Die Drehbewegung wurde verlangsamt und auf einen freien, vertikalen Kurbelzapfen übertragen. Daran waren sechs Seile geknüppert, die sich radial bis 20 Meter weit in die Landschaft erstreckten und dann über

Winkelhebel eine senkrechte Hubbewegung ausführen konnten. Das Ende der Seile war mit je einem Kolben, ventilbestückt, versehen, der in der Ölbohrung auf- und abglitt (Bohrung im Felsen!) Ziehen = aufwärts (Ventil geschlossen) war gleich Fördern und abwärts = nachgeben (Ventil auf) entsprach dem Ansaugen. Bei dem bescheidenen Durchmesser des Kolbens, dem kleinen Hub und dem, was wegen Undichtheit verloren ging, »förderte« man einen Liter pro Loch und pro halbe Minute. Da aber das Appleton Rigg Tag und Nacht mumpfte und stöhnte, kamen dennoch 17 300 Liter in 24 Stunden heraus.

DIE ERSTEN ROBOTER 7.

Wir sahen nur noch die Dampfmaschine, und die sah in der Tat so aus, als könne sie morgen weitermachen. Drei Maschinisten brauchte man für den Betrieb – eine Familie konnte Ölproduzent sein. (Das gleiche Geniestück eines Farmers soll sich heute noch in Titusville, (Pa.) betriebsbereit finden). Die »richtigen« Bohrtürme und Gewinnungsanlagen kamen an der Grenze Arizonas (und nochmals in Pennsylvania) in Sicht. Durch Zufall – bei Nacht und künstlicher Beleuchtung. Als ein feines Filigran hoben sich Rohre, Träger und Türme gegen den nächtlichen Himmel ab ... ein weißer, unheimlicher Wald.

1926 war das Jahr, wo es zuviel Bohrtürme gab – auf der Bühne und im Film das Symbol des Maschinen-Zeitalters. In Wirklichkeit jedoch nur eine vorübergehende Erscheinung von Geldgier und Unwissenheit. Nie konnte und kann aus dem gleichen Vorkommen auch nur ein Tropfen mehr herausquellen ... ob es nun 20 oder 200 Mal angebohrt war.

Fasziniert durch die Übermengen an Material um uns herum (in Behältern, Tonnen, Wagen), das wir in Sibirien gejagt hatten wie die Fischer den weißen Walfisch, überschlugen wir eine Tankmöglichkeit nach der anderen ... bis es plötzlich so dumpf gurgelte ... das heißt, der letzte Tropfen in PS und Krach verwandelt war. Daß Erdöl kein Benzin ist, weiß ja jedes Kind.

Und daß die, die daran arbeiten, um es hervorzuholen, kein Benzin haben. Ein freundlicher Fordfahrer hatte auf der Straße eine Gallone für uns übrig.

BRIEFE REISTEN SCHNELLER

In St. Louis erwartete uns Post. Nicht von den Angetrauten – vom Verleger! Aye! Woran waren wir schuld? Wer hatte protestiert? Ein Leser? »Wegen Ihres Artikels über die niedergebrannten Kirchen in Swobotna Pilsudskaja hat meine Frau Zwillinge bekommen« – sowas in dieser Preislage erwarteten wir. Na, die Empörten greifen zur Feder, immer und überall! Man fühlt sich schließlich immer schuldig.

Das abgebrannte Haus am Morgen in Albuquerque: hatte ich nicht im restroom der Bar gegenüber eine glimmende Zigarette vergessen? – Während der Postbeamte meinen Paß enträtselte, dachte ich an die letzten »Weltreise-Briefe«. Hatte ich zu sehr von oben herab über die Prohibition geschwätzt? ... »eine Angelegenheit von lokaler Färbung ... im sonnigen Californien, wo damals schon eine etwas zu begüterte Jugend auf Hendees Wunderbolzen oder der 750er Indian landauf, landab bollerte, um den Ford T-tiddlern mal zu zeigen, was ein sprouts aus dem Stand sein kann (mit Marmons kamen sie nicht mit), war die Verfolgung der Gesetzesbrecher mehr Erpressung, um mal einen ohne Bezahlung kippen zu können. Asozial nur die Preise« ...

Nein, wir waren außer Phase: der Redakteur hatte erst einen Bericht bekommen und gedruckt: ... die Leser wollten mehr wissen! Wieso wir nicht spätestens in Sibirien verhungert seien – ob die Japaner schon Radio hätten, und was für Kleider die Frauen trügen. Welche Filmstars wir in Hollywood treffen würden ... and so on ...

Ihr guten Leute! Drei Fotos könnten die drei Länder charakterisieren: ein Meer von Steppe ... noch kleine Rinnsale vorn erkenntlich (die Wolga und ihre Schwestern), Taiga und Steppe verlieren sich bis zum Horizont. Nur Pünktchen sind erkenntlich ... drin irgendwo und auf diesem Foto nur mit Elektronen-Mikroskop findbar: Wir. Das ist Rußland!

Mississippi was denn sonst!

Eine Straße gesäumt von Laternen und gespitzten Bäumchen. Die Straße selbst verdeckt von Menschen, die Häuser verdeckt von beschrifteten Fahnen, dazwischen aber wachsen Kästen auf Balkons und die auf anderen Vorbauten, aus denen wieder neue (Menschen-)Vogelbauer hervorwachsen. Das ist Tokio!

Eine gigantische, rote Leiter steht im Fluß, hinter ihr noch eine kleinere näher dem fernen Ufer. Sie halten sich mit Stahlseilen aneinander fest, und unten zwischen den Beinen geht die eigentliche Brücke übers Wasser mit 100 Autos drauf und uns zweien, 1,2 km lang. Das ist Amerika!

Ich kann Euch diese Fotos leider nicht machen, ich habe kein Flugzeug, und das brauchte man dazu!

HANDSCHLAG MIT CANONBALL-BAKER

Herrlicher Sonnenschein! (Schneeflocken – Du träumst!) Nie gesehener Verkehr auf der Straße nach Kansas City. Ford Lizzies zuckelten in unserem Tempo – Dreiachs-Omnibusse schossen mit 80 km/h an uns vorbei. In der Vorstadt Bonner Springs an einer großen Tankstelle hielten ein Dutzend Autos und viele Motorradfahrer um einen Mann, der es sehr eilig mit dem Tanken hatte, aber mit Fragen wie ein Senator auf Wahlpropagandafahrt bombardiert wurde.

Aus der Firmenmarke »Oakland« seines offenen Viersitzers und den Radio-Neuigkeiten wurde uns klar, daß es sich um unser Idol handelte, den Moto Champion Baker. Der wollte einen neuen Ost-West-Rekord aufstellen. Dem sollte man doch wenigstens die Hand drücken ... Das hatten sich schon blitzschnell die Reporter-Fotografen ausgedacht. Mit einem »Hi, Canonball-Baker, das sind hier die Welttour-Fahrer aus Frankreich – spendiere denen doch noch 'ne Minute – das gibt das Foto des Tages!« ... wurden wir zu ihm hingeschoben, und ich sagte: »Freut mich, Mr. Baker, Ihre Ost-West-Fahrt hat uns inspiriert.« »Das freut mich ungeheuer, wirklich – aber nun muß ich weiter«, und er gab mir einen besonders freundschaftlichen Klaps, daß mir die Mütze über die Augen rutschte – gerade, als die Blitze blitzten! »He, stop« riefen die Fotografen, »das Foto ist verdorben« . . . , und sie hielten ihn zurück. Wir mußten uns nochmals die Hände schütteln und kräftig lächeln – und die Hände nicht so hoch halten, damit man das Schild OAKLAND gut lesen konnte ... dann erst fuhr er ab.

Die Redakteure hatten aber damals schon Sinn für das Spontane, das Echte: nur das Bild mit meiner Skifahrermütze über den Augen erschien im Kansas-Examine. »Die Wirkung des freundschaftlichen Elans« stand drunter. Und so ist es wohl klar, daß wir keine fünf Minuten an diesem Abend allein gelassen wurden. Man fuhr uns überallhin in der Stadt – nach Roeland Park, nach Westwood Fairway und Sugar Creek ... entweder um die Farm eines Clubmitgliedes zu besichtigen, der drei Henderson TX besaß, oder den Ort des Favoriten Sportes. Das war ein langer, sehr steiler Hügel zum Erklimmen, und noch niemand hatte es bis zum Gipfel geschafft!

Jedenfalls mußten wir erzählen und wurden bis aufs Hemd und, oh Wunder, mit ganz schönen Mengen Whisky ausgefragt. Die Einseitigkeit der Konversation war sonst nicht unser Fehler, aber heute ... die Müdigkeit nach der Schneesturmfahrt erklärt sie wohl am besten. Trotz Hin und Her durch die Stadt bis Mitternacht bekamen wir etwas ganz Typisches von Kansas nicht zu sehen. Diese Provinzstadt war vor 40 Jahren auf dem Wege, »etwas zu werden«.

Na, was?

VERGANGENHEIT IM BRACKWASSER

Als wir über eine erste Brücke in Kansas City fuhren, offensichtlich über den Kansas, folgte 100 Meter weiter eine zweite über einen noch breiteren Fluß! War das nicht sonderbar? Nicht sonderbar – das war der Missouri. Aber weil uns dies seltsam vorkam und wir eine Entdeckungsbiege drangaben, stießen wir mit der glorreichen Vergangenheit der Flußschiffahrt und den Raddampfern zusammen . . . denn in einem Totwasserarm standen diese Karikaturen eines seetüchtigen Dämpflings, bewehrt mit zwei Radkästen rechts und links oder einem Riesen-Zwölfmeter-Schaufelrad am Heck.

Jene letzten Überbleibsel einer einst gigantischen Transportflotte, die in Richtung Ost–West und Nord–Süd schon funktionierte, als Kutschwagen noch überfallen wurden, und die noch lange während Blüte und Niedergang der tausend Eisenbahnlinien ertragreich war.

Wir befanden uns auf einem Abwrackplatz; war die »Eclipse 3« ein kurioser Gegenstand für uns, so waren es die Gilletkamele für den

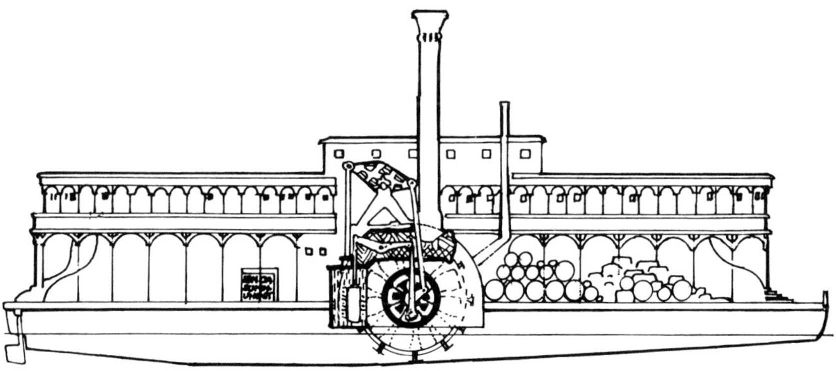

GENERAL LEE gewann mit 11,58 gegen Nätzes

Einbeinigen, der den Platz bewachte. Mochte auch die »Eclipse« eines der berühmtesten Schiffe gewesen sein – uns bot sie sich als zerbrochener, ausgerauchter Aschbecher dar. Im Fluß lagen aber noch – möwenbewohnt – »New Albany« und »Louisville« der Luxusklasse, 120 Meter lang mit 54 Kabinen. Für 50 Cents wurden wir zum Wunder der 60er Jahre gerudert (in den Deckenornamenten des Damensalons steckten für 10 000 Dollar Laubsägearbeit) und bekamen einen Abriß der goldenen Tage von Kansas als Hafenstadt. Als Draufgabe wurde das Rennen von 1852 Lee contra Natchez serviert – elementares Wissen! Wir erfuhren auch, daß sich die letzten alten »Zwillingsraucher« 1911 ein letztes Mal in Pittsburg getroffen hätten (26 Stück).

Pittburg war die Werft der berühmtesten Stern-Wheeler und der Ohio-Specials mit dem Indianernamen Monongahela, alles »Kinder« der Fulton-Boote der Manhattan-Long-Island-Linie. Deren 1915er Nachfahren hatten nur noch die amüsante Silhouette der Zwillingsschornsteine auf jedem Radkastenhaus gemeinsam. Die Ingenieure Shreve und Trench hatten 60 Jahre lang den »Mississippi Typ« gebaut – eine Kajüte, die direkt auf dem Wasser schwamm ... so gering war der Freibord. »Ebenerdig« lag die Maschine. (Henry hat unserem Tischnachbarn diese Skizze gemacht.) Kabine und der Grand Salon mit acht Kronleuchtern in der ersten Etage. (»Sexé, Du möchtest Dir wohl gern einen mitnehmen nach St. Bénoît?«)

Der luxuriöse Salon »Oben« im

Stil orientalischer Märchen war nicht ohne Grund von Kessel und Stampfmaschine getrennt: Explosionen hatten 1000 Menschenleben gekostet ... ei! Aber an Fahrgästen mangelte es nie.

2880 km lang war die Reise auf dem winzigen Alleghany, dem fetten Ohio und ab Cairo dem gigantischen Mississippi bis nach Batonrouge–New-Orleans. Während die Baumwollpflücker am Transport stromaufwärts interessiert waren, bildete durch den Missouri die Linie Kansas City – St. Louis – Cairo – Louisville – Cincinnati eine nützliche West-Ost-Verbindung. Im Hochwasser des Frühlings ging's stromabwärts mit 24 km/h!!! Stromaufwärts war der Rekord 11,5 Meilen/h. Eine Affiche an der Tür zu den freiliegenden Pleuelstangen kündigte als Neuestes das »Abendboot« mit Anschluß an die Jefferson-Lafayette-Bahn an; die hatten schon Pullmanwagen mit zwei Boggies, aber nur eine 2 A Lokomotive davor – der Chauffeur stand im Freien, der Heizer kniete. Das kombinierte Ticket kostete vier Dollar ... das waren Zeiten!

Wir glaubten, im Geiste die feinen Damen der high society in acht Meter Stoff der Volants versteckt zu sehen. Sie saßen über dem Bug rund um eine dicke Bertha: Tee-Selbstbedienung. Weniger steif war es hinten bei den Gentlemen: in der Bar gab's Brandy-Smash, Gin-sling und mint julep. Ein Spielchen wurde vorgeschlagen: Three card monte. Und der Kapitän erkundigte sich, wie die Ernte war ... »Kann nicht klagen, Sir« ...

Leider konnten wir nicht mit der verrosteten, aber so prachtvollen »New Albany« nach St. Louis plätschern – sie hatte Arterien-Verkalkung, und es stand noch garnicht fest, wer sie vorm Ausschlachten retten und als Touristen-Magnet aufpolieren würde. Es hätte auch zu lange gedauert ... mit 18 km/h und Umwegen! Vor allem war es schon bitter kalt. So bedankten wir uns, knöpften die Lederjacken bis zum Hals zu und nahmen den sandigen, aber erkennbaren Weg nach Louisville, ohne weitere Tränen um die Raddampfer von Grandpère zu vergießen.

ES IST HERBST, IHR WANDERER

Gestern in Great Bend vor Salina leuchteten noch alle Blätter feuer-rot-braun. Mit tausend gelben Tupfen auf dem Laub gab die Sonne uns ein Abschiedsfest; der Herbst war schon zu Ende. Noch spürten wir nur würzige, frische Luft mit dem leichten Geruch von Moder und Pilzen. Armeen von geschmückten Bäumen eilten an uns vorüber, auf den Feldern wühlte man die Erde in Eile um. Auch die Racoons hatten keine Zeit mehr, ihr lustiges Gesicht hinter den Bäumen vorzustecken. Wir fühlten nichts vom Winter, der morgen früh um 9 Uhr beginnen wollte – wir fühlten nur – »Etwas« war anders!

War es vielleicht der Ton vom Auspuff, der so weit ins Land hinaus schallte? Wir fuhren jedenfalls und fuhren heute wie noch nie ... wir fuhren sozusagen noch dann, als wir im Autorepairshop Schnellbedienung forderten und wenn wir im nächsten Ort zwei Sandwiches mit dem gleichen Tonfall wie der Cop am Schanktisch befahlen. »Café, Kinder, nun beeilt Euch mal, wir woll'n ja heute abend bis zum Kapitol«! ...

Great Bend, Elsworth, Juniata, Glendale, Salina, Abilene, Moonlight klingt freundlich. »Ist das hier Moonlight? Dann haben wir ja in aller Ruhe 314 km heruntergerissen!« – »Nein, nur 196 Meilen, Ihr seid ja doof, Fremdlinge.« »Wir sind vielleicht doof, aber Eure Meilen brauchen wir nicht«, bellte da mein sanfter Henry inmitten von einheimischen Rechthabern. Ich wollte gerade erläuternd hinzutreten und erklären, daß beide Parteien recht hätten, da stand Henry, der Turm, auf und überragte die von Arbeit ausgemergelten Hieferchen und Fallensteller um Haupteslänge ... und das genügte. Womit er wieder mal »ein Problem« gelöst hatte – ganz allein, ohne Doktortitel mit Stempel und Unterschrift.

That's my Henry – am letzten Herbsttag mit freundlichen Farben, mit wärmenden Sonnenstrahlen ...

SNOW ...

Es schien, als spürten alle Menschen den Sturz in Temperatur und Tempo – das Verlangsamen von Bewegungen, das Zäherwerden der Gedanken ... Reste eines Instinktes aus grauer Vorzeit, als man noch den Winterschlaf praktizierte.

Wie unangenehm fühlte sich morgens die eiskalte Kleidung an; das einst so schmiegsame Leder, weich wie ein Fell mit leichtem Duft von Heu und Blumen, gegerbt durch Lehmbäder und viele Sonnentage, war zu einer steifen Rüstung geworden, die einen beengte, drückte und zwickte ... Darum fiel heute die morgendliche Vergaser- und Kerzenkontrolle aus. Wozu noch Werkzeug rauskramen, denn – halte Dich fest – 10 kg Zuckerschnee lagen auf jedem Kamel!! Die Straße war zwar abgetaut, doch Flocken wirbelten immer noch!

Alle, mit denen wir noch die halbe Nacht durch über die Farmer und ihre Charakterzüge gesprochen hatten, die unterschiedlichen des Südens und des Westens, waren mit auf die Straße gekommen. Gestern wollten sie noch mit uns tauschen – auch mal Motorwandern – sie kannten ja ihr eigenes Land nur bis zur nächsten Stadt. Heute morgen reizte sie das Abenteuer nicht mehr so sehr.

Während ich das beschlagene Objektiv sauberwischte, entlockte der Pinguin den erfrorenen Kamelen ihre »saftige« Marschmusik. Wir brauchten nicht zu suchen oder nach dem Wege zu fragen. Die Straße sei schnurgerade und soeben erst frisch egalisiert! Ja, das war schon richtig – sie war es gestern, vielleicht sogar noch heute morgen um 3 Uhr, glatt wie ein Billardtisch ... Jetzt aber war sie verschrumpelt wie die Haut eines

alten Mannes – überzogen mit Rillen aus Eis, Matsch und Schnee. Darin, dazwischen oder gar darüber wegzufahren, ist ein vorzüglicher Rat, den man heute – 1972 – geben kann, wo schon die preiswerteste Maschine eine Gabel mit einem Schluckvermögen von 10 cm hat, und wo selbst die mildesten Straßenreifen kleine Blöckchen als Profil aufweisen.

Unsere Gutjahr-Schwarten – die erste Ballondimension der Zeit und etwa 18 mal 3,25 entsprechend – hatten mehr, was man heute ein Ornament nennen würde, zudem waren sie bei korrektem Reifendruck so elastisch wie Vollgummi, während bei herabgesetztem Druck die Radführung unsicher wurde und meistens der Reifen auf der Felge wanderte mit dem Resultat eines ausgerissenen Ventils. Es fuhr sich damit so sicher, wie man in glatten Gummischuhen über Eis laufen kann – nicht ein bißchen besser.

Die Technik war nun, nicht »geschickt zu balancieren«, wie der Einradfahrer im Zirkus, sondern zu »gleiten«, von Rutscher zu Rutscher, wobei das Abstützen der Fallseite mit dem entsprechenden Bein ganz schöne Kräfte erforderte. Zugleich mußte man den Lenker wie mit Schraubzwingen halten ... das sollte nämlich gegen die seitlichen Stöße helfen, die das Vorderrad von einzelnen Eisstücken oder einer steinhart gefrorenen Rille erhielt! Der Nachteil der Methode war auch klar: der ganze Körper war verkrampft, um feinere Regungen des Gleichgewichtsgefühls zu übertragen. Man ermüdete viel schneller als in jenen Steppen Sibiriens, wo die übertretenden Flüsse den Grund und Boden aufgeweicht hatten und die Maschine zum wild gierenden Boot in zu rauher See wurde. Denn heute, hier am ersten Begegnungstag mit dem Winter, herrschte die sogenannte Auflösungskälte. Dagegen waren wir noch nicht zunftgemäß ausgerüstet. Unsere Handschuhe, Typ Promenadenschleicher, waren zu eng, um zu wärmen, außerdem vom vielen Trocknen am Auspuffrohr ganz krumm geworden. So war man obendrein ungeschickt mit den Händen – wir hatten ja keinen Drehgriff, sondern einen Gashebel zu bedienen.

In der ersten Stunde waren wir beide wohl schon sechsmal hingefallen und hatten davon jedesmal profitiert, um uns die klammen Finger zu heizen. Später hatte man Tritt gefaßt und hielt es länger auf dem bockigen Hirsch aus – ja, wir begannen einen Schlidderwettbewerb: wer hält am längsten durch bis zum nächsten Fall? Henry – mit seinen langen Stelzen – war natürlich im Vorteil. Andererseits hatte er Nagelschuhe, die wie Schlittschuhe wirkten: das Aufsammeln des gestrandeten Kamels wäre ein Filmgag gewesen, und eine Zeitlang konnten wir sogar noch selber drüber lachen; ja, ich holte sogar einmal die Nettel hervor, um das Dokumentarfoto »Schnee« zu machen.

Und dann ganz plötzlich hörte der Spaß auf, die schlechte Laune gewann die Oberhand. Was uns nämlich als Vorteil geschildert worden war – die schöne schnurgerade Straße – wirkte einfach demoralisierend. Zum Bewegen gehört ein fester Punkt. Kamen wir denn eigentlich voran? Es fehlte jeder Maßstab. Wir hatten nichts geschafft. Arme Kinder mit schlechtem Gewissen ... haben Schneemann gespielt, und ihre Schularbeiten haben sie wieder nicht gelöst. Die Berge von heute früh hatten sich auch hinter ein kaltes, weißes Laken zurückgezogen – ganz selten lief mal ein

Baum vorbei. Wir waren in der Ebene ... geographisch unauffindbar – jedoch belebt von Schneeflockentreiben. Ein niedliches Spiel am Anfang, aber wirklich nur zu Beginn! Dann wirkte es lähmend – man sah sich schon garnicht mehr nach dem Kameraden um. Bellte ein Motor hell und schamlos, dann lag jemand an der Erde. Der andere stellte auch ab, mit der gutgemeinten Absicht zu helfen. Helfen? Auch noch hinfallen! Lagen die beiden Kamele tot auf der Seite (wirklich wie richtige Kamele, der vielen Säcke wegen), dann war es unheimlich still. Und einsam! Wir hatten das Gefühl, von allen verlassen zu sein. Mehr als in der Wüste Mojawe oder im Wolga-Delta (so nannten wir den Ort, wo die Bauern uns aus dem Sumpf zogen).

Aber es ist wirklich komisch: erhält man einen Schock, dann liefert die Natur auch wieder Hilfskräfte: Widerstand! Wir hielten es noch weitere drei Stunden aus ... die Flüche wurden immer vulgärer, dann kam ein Achthäuser-Dorf in Sicht; mit cafeteria. Heißa, St. Christopherus!

Die Leute drehten sich nicht um, als wir naß wie die Seelöwen ins volle Café hereinkamen und den Schnee auf dem sauberen Teppich abklopften. »Wenn's wegen dem Rosinenwein ist, den haben wir schon weggemacht«, sagte der Wirt. »Nein, wegen einem room

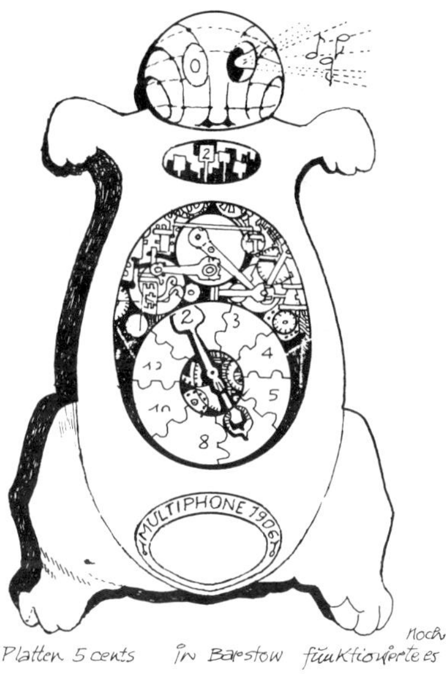

und Fraß und Wärme«, sagte ich. – »Wärme? Dann geht mal in die Küche. Ihr seid wohl die Aviateure fürs Flugfest am Sonntag? Klar, das sieht man sofort!« – Geflogen waren wir ja wohl schon an die 30 Mal, aber in den Schnee und auf den Pinsel.

Zwei dieser schwarzen Schnäbel auf dem Comptoir (Lautsprecher) sabbelten unablässig was von einer Razzia, bei der man 18 000 Flaschen kanadischen Whisky zerschlagen hatte und der teure Saft wie ein Bach in den Rinnstein geflossen sei. »OOOOH«, machten die Kaffeetrinker, »das ist ja unerhört« ... Sprecht mir doch nicht von Whisky, wenn der Schmelzschnee bis zum Horizont fällt ... von Heldentaten und schlechten Menschen, braven Säufern, ihr gottverdammten Kaffeetrinker – uns tun die Hände so erbärmlich weh, und glotzt doch nicht so impertinent!

»Wir konnten nichts mehr sehen. Die Brillen sind blindgewischt, drum stieren wir mit roten Augen wie die Mörder im Theaterstück. Wir sahen das Feld als Weg an und die Markierungslatten als Bäume – wir konnten den Lenker nicht mehr festhalten, er war kälter als der absolute Nullpunkt – die Knie waren gefühllos – die Beine nur noch Stumpen« – so etwa grunzte ich unseren Nachbarn an. Der hatte garnichts gefragt, aber uns lange gemustert ... »Na, versteh schon, ich meine es ja nicht so böse. Hier fährt ja keiner Motorrad, auf diesem vorsintflutlichen Instrument ohne Wetterschutz und ohne Federung. Ich war vorgestern mit meiner Henderson in Kansas«, sagte der Neugierige – »da war's noch warm; der Weg ist eigentlich der beste in der Gegend.« Henderson ... das Wort genügte, daß wir uns manierlich hinsetzten und beide das Lächeln aufschnallten, was mit rotgefrorenen Backen möglich war.

Und unter Strömen von Kaffee, dem herrlichsten, den wir je getrunken hatten, stieg langsam die Frequenz der auszutauschenden Geschichten an ... bald waren wir der Mittelpunkt. Ja, vermutlich war nun das Dorf menschenleer, denn immer mehr kamen herein ... es war eine Bombenatmosphäre! In einer Pause hörte man eine Stimme in der Küche, wo das Telefon angenagelt war. – »Wenn ich Dir sage, es sind die Weltfahrer ... Kansas City ist ihre Strecke ... morgen abend vielleicht ... ja, der eine spricht sehr gut ... so long!« Wir waren also vorangemeldet.

Auf eine völlig mysteriöse Weise standen plötzlich gefüllte Gläser vor uns. Ich nickte mit dem Kopf in Richtung des Polizisten des Dorfes. »Nee,« sagte einer, »hat nichts zu bedeuten, der ist ja mein Schwager« ... So leerten sich die Gläser und füllten sich wieder. Versuche unsererseits, auch mal einen auszugeben, wurden schlankweg unterdrückt. Witze über Ford Lizzie oder Flivver waren große Mode. Wir mußten mitsingen:

I bought it for a dollar
and a tobacco sack
and now I wish to goodness
I had my dollar back

(Ich kaufte ihn für einen Dollar und einen Tabaksbeutel, und jetzt möchte ich um Himmelswillen doch meinen Dollar zurückhaben.)

»Ist doch ungerecht«, meinte Henry, als wir die Treppe nach oben torkelten. »260 Dollar kostet der offene Tourer« (er hatte sich klammheimlich in dieses Monstrum verliebt).

Auf dem Hof standen unsere Hirsche, nur notdürftig gegen den Schnee abgedeckt. Der fiel und fiel!!! Das konnte ja bitter werden. Es waren noch 2250 km bis New York. Alles, was wir heute geleistet hatten, waren bescheidene 115 km laut Tacho des Wirts, der die Strecke kannte. »Andrieux, morgen kaufen wir erst einmal ein: Pullover, Jacken, Handschuhe, Unterzeug ...«

Die Betten waren eisig. (Das ist ein guter Kapitelschluß!)

LOHNTE SICH DIE HETZE?

Baltimore! – »Eine Stadt mit kultureller Vergangenheit«, hatte der Custos von Washington Smithonian Museum gesagt. Die Gesellschaft der »Freunde der Europäischen Kultur« sollten wir unbedingt besuchen …

Und wie kam es dazu, nachdem man uns auf unseren traurigen Drahteseln wildverkleidet hatte starten sehen? – Die hatten schon mehr Leute als uns gesehen, welche in den entferntesten Teilen der Welt Reportagen machten … ausgruben … entdeckten … das war Lebensziel der Institution. Da paßten wir hinein!!!

Uns Motorradfahrern bot sich allerdings Baltimore als eine Versammlung wetterauchender Schornsteine an, und der Hafen mit seinem Durcheinander von Schienen lud auch nicht zum Verweilen ein. An der hochfeudalen Villa der F.E.C. fand die übliche Verwandlung vom staubbedeckten, zerknitterten Motorradfahrer in (Halbwegs-) Gentlemen statt. Wir stießen auf einen interessierten Sekretär, der uns nach einer Stunde angeregter Unterhaltung erklärte, wir sollten unbedingt am Sonntag abend einen Vortrag über unsere Reise auch ohne Bilder halten … »Abgesehen von der Zeit, die uns mangelt« (am Sonntag hofften wir der Freiheitsstatue vom Schiff zum Abschied zuzuwinken), sagte ich, »ist mein Englisch doch nicht einwandfrei.« – »Das ist eher ein besonderer Reiz! Lieber ein begeisterter Redner mit hundert Grammatikfehlern, als ein korrekter, aber langweiliger Vortrag. Kurz … diese Leute werden mit Monsieur Sexé mitgehen, denn das sind nicht jene Intellektuellen, die auf Sport und Motorradfahren herabsehen. Sie sind ohne Vorurteile … ganz anders als im alten Europa, das ich ja gut kenne.« Wir machten wohl ungläubige Gesich-

ter. Beim Aufbruch sagte ich: »Vous m'avez chauffé le coeur! Ihre freundlichen, warmen Worte geben uns Mut« ... und ich meinte es wirklich so!

Hier wäre ein Augenblick zum Verweilen gewesen, denn war das eigentlich nicht der Hauptzweck der Reise, Menschen de bonne Volonté miteinander bekannt zu machen? Oder kennen zu lernen? Leider fuhren wir nach Zeit – also eine Rallye. Welcher Blödsinn! Was uns als Alptraum im Nacken saß, war der Termin des »Salon de Paris« mit dem Stand von Gillet, dekoriert mit unseren verdreckten Maschinen der Weltrundfahrt ... nichts als eine Art von vielen der Propaganda, an die man damals glaubte wie an den Katechismus. Adieu, Baltimore, wir werden an Dich denken!

Na, wir waren ja noch garnicht raus, sondern gerieten aus unseren Träumen in eine wüste Baustelle. Das sollte bald einmal ein Highway werden, der das ganze Hafengebiet umging. Wir kreuzten erst 40 Schienen eines Docks und dann nochmals Schienen über Schienen – 12 cm hoch! Wir bekamen allmählich Durst!

Alle Cafés am Hafen waren ja verfemte Orte – früher wegen der flotten Barmaids und ihrer unkalkulierbaren Dienste und heute wegen unversteckten Alkohol-Ausschanks. Die Seeleute zog es schon immer ausschließlich in diese Lokale, aber nachdem sie sich dort amüsiert hatten, sparten sie nicht mit unflätigen Reden über die Damen. – Wir hatten wirklich nur eines Trunkes wegen angehalten ... und da entdeckten wir die Karte! Eine Karte der Küste von etwa Jamestown (Virginia Tabak-Land) bis Morehead bei New Bern in my sunny Carolina. Sie war zwei Meter hoch, an die Wand geklebt. Vor der Küste steckten Hunderte von kleinen Nadeln – braun für Dampfer – grün für Segelschiffe ... und neben dem Namen des Schiffes stand der Sterbetag.

Es waren über 500! Fünfhundert Kapitäne konnten nicht gucken oder waren besoffen – jedenfalls

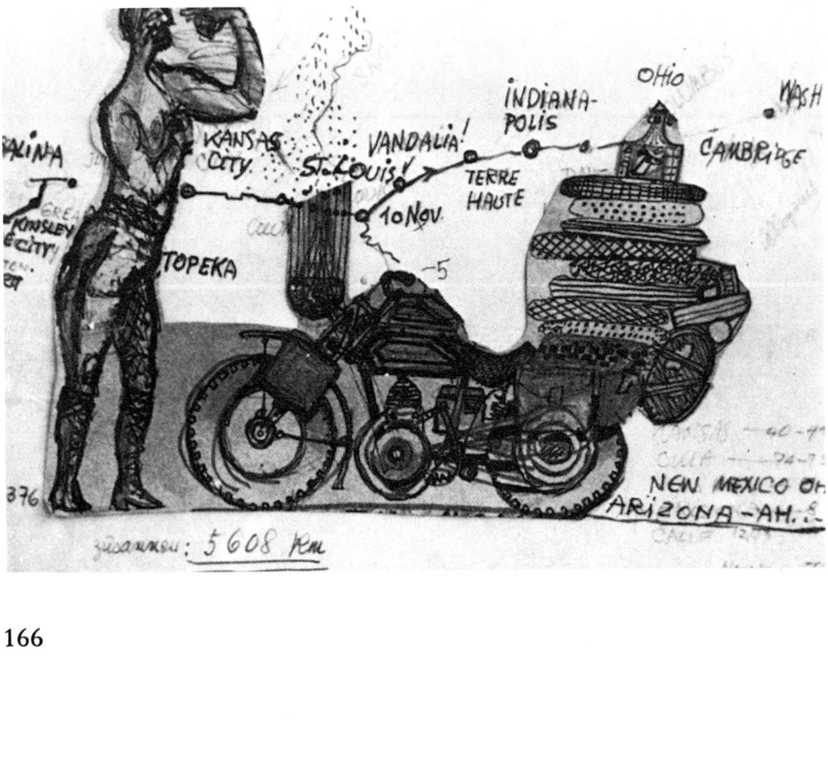

wußten sie nicht, was eine Sandbank ist, oder wie man sie vermeidet, oder daß eine solche auch 250 km lang sein kann. Darüber jedenfalls stand, von zarter Hand, aber deutlich geschrieben:
SAUFEN KONNTEN SIE BESSER!

Wir fürchteten, daß wir ins Waldorf mit unseren Knobelbechern und der englischen Leutnantsuniform 14/18 (auf dem marché aux puces in Clignancourt in Paris erstanden) nicht hereingelassen würden ... schon weil der Anblick der rußüberzogenen Maschinerie und das zigeunermäßige Gepäck auf konstanten Geldmangel zu deuten schien. (Wenn unsere Gürtel doch durchsichtig gewesen wären, so daß man die grünen Hundert-Dollar-Scheine hätte sehen können)! ...

So standen wir noch zögernd davor – doch welche Überraschung! Der Hotelportier in Beverly-Hills Grand Prix-Uniform stürzte mit entfaltetem Regenschirm herbei, um uns vor den letzten Tropfen bis zum Eingang zu schützen – nachdem wir eineinhalb Stunden einen der heftigsten Wolkenbrüche unserer Reise erlitten hatten. Und nach 100 km Plantagen rechts und links – nach 20 km vorbei an fahrenden Straßenbaufabriken (die Arbeiter warteten in ihren Autos aufs Ende des Gewitters) – und dann nach einer Viertelstunde Staub höchster Dichte, durch ähnliche Maschinensaurier aufgewühlt – wie mochten wir aussehen???

Gleich neben dem Eingang war eine Waschgelegenheit. Fünf Pagen warteten mit den abgeschnallten Säcken, und wir nahmen zusammen mit dieser Suite einen der Fahrstühle. Die anderen waren von Kindern besetzt, die eine Verfolgungsjagd »Treppe gegen Fahrstuhl« veranstalteten. In der 15. Etage begegneten uns würdige Cutaways und Glockenträger mit steinernen Mienen, wie sie in Bootleggerfilmen getragen werden. Henry raunte mir in Französisch zu: »Die haben eben die Konkurrenz mit gefüllter Wasser-

tüte aus dem Fenster erlegt« . . . da antwortete der eine: »Das funktioniert nicht – die Tüte platzt, bevor sie unten ankommt! Ihr seid wohl aus New Orleans, was? Mit solchen Reporterstorys« ...
Bevor noch eine Unterhaltung aufkommen konnte, wurden die Dandys abgelenkt: die Kinderbanden tobten den Korridor entlang.

Nach der Tracht voll Prügel, die angedeutet wurde, waren verwandtschaftliche Verbindungen sicher; im allgemeinen Handgemenge gerieten wir und die Kinder in Mister Fetzkes Suite: die Alten waren ausgeschlossen. Papa und Onkel Toni hatten keine Zeit für Verhandlungen. Wir betrachten die »Bar«,. (damals anscheinend erst recht ein Muß) – sie war zwölf Cowboy-Ellbogen lang. Flaschen gab es nicht, ebensowenig Luger und Smith & Wesson. Wer barkeepen wollte, mußte in Schienen, Puppen, Rackets, Aussägespielen, Fernrohrbeinen, Projektoren, Schallplatten, einem Detektor-outfit und Baseball-Handwerkzeug waten. Die Jungs von 10 bis 17 Jahren waren »sympa, die zwei girls 'ne Wucht« ... ohne Übergang begann deren Interview: »Wieso fuhrt Ihr durch Rußland und nicht durch Indien? Wer bezahlt die Reise? Warum seid Ihr nicht in Japan geblieben, wenn es dort so schön war? Warum haltet Ihr keinen Vortrag im Rathaus? Lassen Sie uns doch den Mister Andrieux hier! Der kann in Daddys Fuhrpark arbeiten, und sonntags geht er mit uns jagen!« »Nee,« sagte der Älteste, »sonntags nich – da muß er fahren, weil doch die Polizei denn nicht aufpaßt!«
So ist das immer, die Kinder verraten die Eltern!

NEW YORK

Längst lagen die letzten sanften Hügel der Apalachen hinter uns, und wir fuhren zwischen Feldern, welche mit Lagerhäusern und kleineren Fabriken besetzt waren – zwischendurch gab es noch immer sehr hohes Schilfgras, das man aus Zeitmangel noch nicht abgemäht hatte. Dann und wann erschien zwischendurch ein Flußarm mit reger Tätigkeit von Booten und Ladepiers, und wir hätten gern geglaubt, daß es der Hudson sei. Ebenso ungeduldig warteten wir auf New York. Laut Karte, Taschenuhr und unserer flotten Fahrweise hatte es gefälligst zu erscheinen – und da war es dann auf einmal: ganz in der Ferne standen die Wolkenkratzer Manhattans auf den Spitzen der Gräser.

Ja, warum fuhren wir eigentlich drumherum und nicht schnurgerade drauf los? Antwort: weil man nicht quer Fabrikgelände gondeln und schon garnicht über die Newwarkbay ohne Brücke springen kann! Dann verschwand auch noch diese Fata Morgana, denn ein Regensturm verdunkelte

alles. Und so kam es, daß, als wir auf den Hudson trafen, das Wolkenkratzerschemen verschwunden war. Wo war Manhattan – wo New York, please? Nichts als schwarzer Himmel und grauer Nebel allround.

Ohne es zu ahnen, waren wir in Wirklichkeit nur vier km von unserem Glück, nämlich der Washington-bridge, entfernt. Aber es ging ja viel einfacher. Zögernd zum Ufer knatternd fielen wir haargenau auf eine Ferryboatlinie. Diese sonderbare Barke – ohne vorn noch hinten – wartete schon auf Kunden. Der Unterschied der Borde ließ einen Ford gewaltig hopsen – uns halfen zwei Matrosen. Nur noch 1 Dollar und 50 Cents waren zu entrichten, und die alte Dampfmaschine polterte los, das Geländer zitterte im Takt. Die Passagiere standen auf der linken Seite, um uns die Liberty Statue zu zeigen. Wir sahen die Dame aber nur bis zu den Knien, so dicht war der Nebel.

So im Tuten der vielen Dampfer, die einander im tiefen UUUH übertrafen, standen wir etwas bewegt da. Wo ist Hoboken? Da braucht Ihr doch garnicht hin! Hier rechts ist Brooklyn – das ist New York. Das kleine Stück dranklebend, aber wieder durch Wasser getrennt, ist Manhattan, auch schon »ausgestanden«, denn die Docks sind hier in fünf Minuten. »Ja, Henry«, sagte ich, »nun sind wir eigentlich fertig mit der Expedition. Schiffsbillets, Hotel, Pressekonferenz ist ja Kinderkram für zwei alte Sibirier.«

Zwei Stunden später fuhren wir zum siebten Mal 15 Etagen rauf und runter: wir hatten unser Zimmer verloren. Die Mühlen waren wohlverwahrt im 23sten ... die Aussicht auf Bronx war auch sehr schön – an Henrys Nasenflügeln las ich ab, daß er schon wieder eine New Orleans-Jazz-Session erhoffte ... aber wo zur Hölle waren unsere zwei Zimmer?

Die Bewohner der Steinquadern waren längst in das Maschinenzeitalter hineingewachsen. Sie hatten die Flacheisenarchitektur erlebt, davor jene der Louis XV.-Beine in Gußeisen und nun die schnörkellose Zeit, wofür ihnen Gropius die »neue Sachlichkeit«, Paris den Bubikopf und die Wallace-Zigarettenspitze schickten. Drum liebten sie ihre neue Metro und die gestrige Tramway ebenso wie die uralte NY-Hackensack-Dampfbahn.

Also, weine nicht, überheblicher Kleinstädter, Du hattest noch nicht die Belagerung der gratteciel durch die vielen Zehn-Mann-Fabriken im flachen Vorland gesehen, deren Schornsteine aller Größen, denen schwefelgelbe Qualmwürste ab morgens 6 Uhr entquollen, stadtwärts gerichtet waren. Wenn die Sonne später zum Abendfrieden leuchtete, war ein modernes Breughel-Gemälde geboren. Darum brauchte auch niemand über den armen Yorker zu weinen, der bei Dunkelheit sein Schiffchen Richtung Coney Island oder Hudson aufwärts steuerte: eine Feerie von glitzernden Lichtern tat sich vor ihm auf – ein modernes Märchen. Großvater konnte das nicht zugeben – die Platte »Symphonie der Großstadt« wurde für ihn nie gespielt. Er hatte gelernt, Technik sei etwas Schreckliches und damit basta. Darum haben wir nicht eine Sekunde versucht, die gelernten Phrasen und Ansichten unserer Wartezimmergenossen von der neuen Welt zu zerstören.

Damals – 1926 – war das Weekend noch nicht erfunden bzw. importiert worden. Zwar brauchte auch niemand sonntags zu schubbern. Man »flugte aus« per Vorortbahn, Long Island entlang, die meisten nur bis Long Beach, bis zur nächsten Haustür sozusagen. Die Fallen zwecks Dollarernte auf dem Wege dahin: Bars mit Einmannshow und Combo... eine war immer drei Monate lang berühmt.

In Richtung Albany lag Oberbayern. Wenige kannten das schöne Land; es war auch zu weit für den Ford T. Der war ja kein roadburner wie Chrysler, Marmon, Locomobile und Stutz, die Lieblingsmarken der Ostküste.

Symbole des Hafens und Begrenzung der »Insel« Brocklyn waren die aufmarschierten Kräne. Mit ihrer Form eines großen T oder griechischen Lambdas erinnerten sie an bösartige Insekten der species Mantua. So wie wir oftmals »durch« die Scheiben der Geschäfte fuhren, verschwanden und wieder auftauchten, genau so geheimnisvoll fuhr die Stadtbahn (Ty Berlin) durch die Tore, über Brücken, verschwand in Hangars, tauchte neben Atlantikdampfern auf und hielt meist auf einem Kinderbahnhof, zu welchem alle diese so eiligen Leute per Eisentreppen hinaufenterten. Mann, diese Hast... ein 100-Meter-Rennen!

Schon um Passagiere und die Frachtarbeiter zu trennen, führten längs der Docks Wege von der Verschlungenheit der Steigen im Hochgebirge auf und ab. Sie vermischten sich mit anderen, die über Wendeltreppen direkt in den vierten Stock eines Bürohauses führten. In kurzen Bögen übersprang man eine Straße, dann wieder schien es, als benutzten wir frivol geheiligtes Gebiet des Fußgängers ... doch ebenso brüsk, wie sich die Gäßchen zwischen alten Häusern verengt hatten, verbreiterten sie sich, ja, teilten sich in »Aller« und »Retour« z. B. unter zwei Überwegen. Ja, wie Henry sagte: bloß nicht rumsitzen ... fahren, da findet man noch vieles.

So war es bereits abend, als wir Bronx entdeckten und uns in einem der schmalen Gäßchen verirrten. Dabei stand's dran: No Return. Wir mußten rückwärts wieder rausschieben und ließen uns gern von Porto-Ricanern dabei helfen. Der Ausflug endete mit 17 Portionen Hot dogs und Milchkaffee. Eine anwesende Gruppe von Heilsarmee-Singers interpretierte unsere Geschichte als eine Apotheose des Willens gegen die Unbilden des Schicksals. In dieser entsetzlich nüchternen Umgebung – vermutlich einem Treffpunkt für dunkle Geschäftemacher – produzierte sich ein langsamer, aber stetiger Wechsel von Feindseligkeit bis zur naiven, vorbehaltlosen Freundschaft – ein Bühnenschriftsteller würde daraus einen Einakter gemacht haben.

Harlem interessierte Henry – des reinen Toren Ideal – eine spontane Jazz-session fanden wir aber nicht; die Pianisten waren lustlos, die Stätten leer. Wegen zweier schäbiger Kunden wurde knapp der Anfang einer Blues-Variante angeschlagen. Wir stanken nicht nach Geld. Welche Enttäuschung für die Fans, wenn wir das erzählen.

NEW YORK – GUT VERSTECKT

Wir fanden die engste Stelle der Newarkbay ganz einfach, indem wir einer sich ständig erneuernden Kolonne hochbeiniger »Autos mit Hut« folgten. Das waren die Fords vom Lande. Klar, wo die hinwollten! In der Stadt trug man Tudor und Sedans, keine »Mützen«, die der ewige Seewind blähte und die spinnenbeinigen Tourer respektlos schaukelte. Ja, »wir fanden ganz einfach«, denn kurzzeitig ist die Newarkbay so breit wie der Hudson. Darum kann man glauben, da drüben sei bereits Manhattan. Hat man das geschnappt, kommt aber schon wieder was Nasses in Sicht, der East. Dieses Wasserärmchen trennt nun wieder Manhattan von Queens und Brooklyn.

Das heißt also für den Fremdling überall Ufer, wohin man auch mit seinem Scheinwerfer zielt. »Aber Kinder, nirgends in ganz Amerika habt Ihr solche Riesenbäume wie am Ufer des Manhattan gesehen. Oder habt Ihr? Also wo ist das Problem?« Ach, Du mein erprobter Fußgänger und Trambahnreiter, bist Du noch nie Motorrad in einer fremden Stadt gefahren? Mit Wolkenkratzern als Zugabe, daß Dir der Mund offen bleibt? Nie den Norden verloren, weil keine Sonne hilft (sie hat Ausgang) oder die Strahlen nicht bis da unten in den Keller fallen, wo Du mit Deinem Bullerjahn die anderen Verkehrsteilnehmer behinderst? Na siehst Du, das irritiert!

Ja, übermorgen abend 12.15 Uhr werden wir abfahren. Und werden auch nicht mehr die Jamaika Bay (mit 39 Inseln) mit dem Ufer von Coney Island verwechseln oder versehentlich auf den Buttelmilk Channel in South Brooklyn stoßen in der Meinung, das seien die Docks, und am Ende läge die

HOBOKEN DOWNTOWN

Schiffahrts-Gesellschaft – wir haben gelernt! Am ersten Tag hatten wir verschüchtert die Hirsche bei Celtic & Co am Bauplatz des Holland-Tunnels gelassen und waren dann mit Hilfe von dreimal umsteigen per Dampfbahn den Hudson downstream zur Upper Bay gefahren – die Abzweiger hoch oben oder in Schluchten führten nach New Rochelle, Bronx oder nach dem Osten. Die höchste Konzentration von Verkehr war durch obenliegende Hochbahn, darunter Tramway und tiefer unten am Wasser der Dampfbahn nebst dem Ferryboot am Owls Head Park verwirklicht. Wir mußten in dieses Knäuel von alarmierten Ameisen hinein: Der Besuch bei einer Tageszeitung und das zu erwartende Echo waren ein Teil des Weltreiseprogramms.

In der lobenswerten Absicht, den beiden durchgefrorenen Motorradfahrern einen Schluck ihres Monte-Rosa (french wine) zukommen zu lassen, rief der »News of the week«-Redakteur den Speakeasy Harry von der gegenüberliegenden Theaterbar an; leider erfolglos, denn wir hörten schon aus der

Hörmuschel krächzen: »Aber doch nicht Dienstag ...« Richtig, heute war ja Kontrolle. »Ich schlage Ihnen einen Besuch beim Harley-Polizei-Club und in Long Island vor. Habt Ihr die Battery schon gesehen? Gegen 6 Uhr müßt Ihr durch Madison Avenue und die 42. fahren (gleich um die Ecke).«

Alles ganz schön, oder vielmehr nein: wenn wir nur Harley-Club hörten, war das schon identisch mit nächtlicher Raserei. Viel interessanter war, was hier an den Wänden hing und ausgestellt werden sollte – nämlich eine Sammlung der Strippenzeichner unter den Cartoonisten, die eine hochgeschätzte Vorliebe für das Komplizierte im Leben hatten und über Rollen und sichere Haken Katastrophen auslösten oder Fallen erfanden, um mit groteskem Aufwand eine Laus zu fangen. Meister solcher Tricks, und in allen 47 Ländern anerkannt, war Rube Goldberg.

Eine ganz andere Serie von Klappmatismus-Zeichnungen hatte zum Ziel, das an Perspektive gewöhnte Auge irre zu führen. Varianten des gleichen Themas, wie z. B. eine Treppe aufwärts steigt aber plötzlich im Kreis zurückkommt, jedoch unterhalb des Beginns endet, erschienen eine zeitlang jede Woche. Die meisten Leser konnten es nicht herauskriegen, wo der Trick oder »Fehler« anfing. – Genau so brüteten wir darüber. Als ob wir nicht andere Rätsel zu lösen hätten, wie Ersatzteilkisten in den Zoll rein und aus dem Zoll raus, Kolbenringstücke zum Verschwinden und Wiederauftauchen zu bringen ... repariert oder zerbrochen – ganz nach Wunsch, nicht wahr, Henry?

... Die Sekretärin hatte es ohne Zeitverzug spitz: »Die geh'n hier nicht wieder weg.« Und so nahm Mr. Nash die wegen der abessinischen Rätsel abgelegte Konversation wieder auf: »Wir waren stehen geblieben, wie Sie in die Schmetterlingswolke geraten und Ihr Freund über und über damit wie mit Blüten bestickt war ... Sie wollten auch gerade von den gastfreundlichen russischen Bauern erzählen – von dem selbstgekochten Käse – wie man vor Ihren Augen rasch ein Brot buk – wie alles, was da war, selbstverständlich mit den Gästen geteilt wurde!«

»40 Nächte verbrachten wir bei sibirischen Bauern, die gelegentlich 100 km in jeder Richtung von Nachbarn abgeschnitten waren. Das soziale System war im Geiste respektiert, aber noch lange nicht angewandt: fast überall war ein Chef de famille der Patron, nach unseren Begriffen eher ein Diktator. Alle Frauen arbeiteten, wie es immer gewesen ist, auf dem Felde und im Haus. Die Töchter der sedentairen Bauern knüpften noch auf Großmutters Webstuhl Decken oder Teile von Mänteln ... sie setzten Milch für Weißkäse auf, ließen Ledersäcke mit Ziegenmilch im gleichen Takt wie eine Kinderwiege schunkeln, um eine Art Butter zu erzeugen. Wenn das Brot nicht für alle reichte, wurde rasch Wasser mit Mehl zu einer Paste verrührt und dann auf der glatt gekratzten Ofenplatte gebacken – Brötchenersatz. Diese Leute jagten nicht! Keine Zeit? Oder keine Patronen? So wenig wie Schnaps.«

»Na«, sagte Mr. Nash, »da seid Ihr nun vom Regen in die Traufe gekommen, bei uns gibt's auch keinen ... wenigstens keinen anständigen.«

Schon nach zwölf Stunden waren wir berühmt, in dem Moment, wo Nashs Papier gedruckt und verkauft wurde. Daran waren wir noch nicht oder garnicht mehr gewöhnt. Die Wirte und Gasthausbosse von Provinz-Kleinstädten über 4000 km hatten uns alle abgewogen und in die Kategorie »verrückt, aber tapfer« eingestuft. Höher nicht.

Heute waren wir Helden! Was hatten wir gelitten, wir wußten das ja garnicht ... Wenn's Journalisten so richtig packt – wenn sie seit Monaten nichts Rechtes mehr auf der Pfanne haben oder sie im Estime ihrer Freundin bereits auf dem Tiefstpunkt angelangt sind ... dann beginnt die Phantasiemaschine zu multiplizieren, zu vergrößern, zu verbessern und des Kontrasts halber zu verhärten und zu betrüben ... C'est automatique!

Jetzt war die stille 57ste (Neben)-straße der Park Avenue schwarz von Leuten, die nach oben guckten. Hatte ein Pistolengefecht stattgefunden? Handelte es sich vielleicht um einen Racheakt des Champagner-Import-Gangs gegen die kanadischen Rosé-Gangster? Nein, wir waren gemeint! Langsam kamen sie, immer zu zweit, nach oben gesickert. Und immer zu zweit schossen sie Fragen auf uns ab: »Warum stehen die Kamele im 23. Stock? Sind Geheimnisse dahinter? Was sagen die Frauen zu so langer Abwesenheit? Würden Sie die Fahrt morgen noch einmal machen? Auch für 10 000 Dollar nicht?«

PROSA – FÜR SPARTE »WELTTOUR« ...

Wir hatten sieben Tage Zeit, um wieder zu Kräften zu kommen. Trotz herbstlicher Stürme war das Leben an Bord eines Ozeandampfers für uns das eines Sanatoriums.

Am 30. in Liverpool sollte der letzte Akt beginnen. Wir waren signalisiert: Empfänge am Horizont – Interviews in Aussicht (eine Rede vielleicht?). So mußte also druckfähige Prosa bereitgehalten werden. Was werden die uns fragen?

Zum Beispiel: »Diese ganze Geländefahrt durch Sibirien muß doch eine entsetzliche Schinderei gewesen sein?« – »Nicht immer! Wollen Sie eine Ausnahme hören? Eines morgens zwischen Omsk und Petrowskoje rollten wir ganz komfortabel in sanften Sprüngen im Hemd mit aufgekrempelten Ärmeln. Die heiße Luft fächelte milde den Körper. Gelbe Blumen eilten vorbei – weißbeinige Birken und bewachsene Steinhaufen flitzten vorüber – und es kam uns mächtig schnell vor! Die Zweige großer Büsche und maisähnliche Gewächse streiften die Schultern. Vögel strichen im letzten Augenblick ab ... ohne Unterlaß floß die Landschaft vorüber. Weil sie uns so dicht auf dem Pelz saß, kam uns das Tempo so schnell vor! An solchen Tagen schafften wir 150 km Niemandsland und freuten uns über die harmlosesten Dinge!«

»Und das Fahren? Da müßt Ihr doch endlich mal genug gekriegt haben ... wie man so sagt, die Schnauze voll?«

»Auf öde Strecken folgten märchenhafte – aus dem Gegensatz erwuchs die Größe der Freude. Nach 800 schnurgeraden Kilometern mit zusammengebissenen Zähnen bewältigt, erschienen

West-Virginias Blue Mountains als der Schwarzwald der USA mit Hunderten von Kehren als unerhörter Spaß. Sie erweckten schlummernde Instinkte! Als ob wir noch nie wie die Vögel über den Boden gestrichen, noch niemals jubelnd an der gegenüberliegenden Wand gelandet wären. Von neuem spürte man trotz des Gewichts und seiner schlechten Verteilung die Freude am Schwenken – Senken – Heben und Getragenwerden. Wie gedankenleicht war plötzlich das Driften zu der Seite, die ein Blick als günstigen Weg gefunden hat!«

In solchen Momenten scheint der Pilot alles, was da sonst kreucht und fleucht, zurückzulassen. Er gleitet – getragen von einer geheimnisvollen Kraft, die aus ihm kommt, über den Boden, einem Traum, der Wirklichkeit wurde, vom Fliegen – vom Vogel sein.

Und dieses konnte sozusagen fünf Minuten vorm Ende der USA-Strecke passieren! Na? Waren wir ausgezogen, um das Gruseln zu lernen oder der lichten Momente wegen? Was war mühselig? Man fuhr durch Apfelsinenhaine; zehn Minuten lang freute man sich über die orangenen Pünktchen im tiefen Grün der niedrigen Bäume. Nach einer Stunde dachte man, daß mal etwas anderes kommen könnte – und nach zweien: diese Farbenzusammenstellung wird langweilig – das Fahren monoton . . .

Aber – je mehr Orangenfarmstunden – je mehr graue, umgepflügte Felder, desto größerer Jubel über eine Gigantenbrücke! Ein Filigran von Stahlfäden, die an Masten angebunden eine Straße über den Mississippi trugen! Ein anderer seltsamer Augenblick kam, als wir die gespaltene Erdkruste bei Barstow nach so langer Fahrt durch eine Sandwüste entdeckten. Waren schon die Abhänge erstaunlich – erst als wir dort unten am Ufer des weißen Colorado standen, lief es uns kalt den Rükken herunter. Wie man auch einen »besonderen Strom« in sich zu empfinden glaubte beim Anblick des Golden Gate – in Sicht der schnurgeraden vereisten Landstraße. Gruseln lernen?

Wie kann ein Mann, der schreibt und Bücher liest, ein überladenes Motorrad auf – nicht zwischen

– den Eisenbahnschienen auch nur einen einzigen Meter weit bringen? (Und 100 Meter werden verlangt!) Ganz einfach: die ersten zehn Minuten sind entsetzlich; alles mißlingt – man verliert Uhr, Taschenmesser, Werkzeug, wenn nicht mehr, und schafft zwei Meter! Da verflucht man seine Eitelkeit, erfindet selbst die niedrigsten Motive für solch ein Wahnsinns-Unternehmen.

Dann kommt die nächste Periode, die der Überlegung: es handelt sich um einen Drahtseilakt im Zirkus! In der Loge sitzen Monsieur Cherpitel vom Touring Club de France – Deine Frau, die Yvonne, der Malerdichter Chapliez und Freund Huchard. Die Nummer muß gelingen, denn sie ist einmalig! Ein vollbepacktes Motorrad auf einer Schiene, auf einer Brücke ohne Netz, aber mit Zwischenbalken. Zuschauer, die verpflichten. Also keine Rede mehr von Mühsal. Wir sind Zirkuskünstler – Motorrad-Akrobaten.

LIEBES, ENTSETZLICHES EUROPA!

Am Morgen des Dreißigsten verlor das Schiff Fahrt. Rundum war dichter Nebel. Wir befanden uns anscheinend endlich vor Liverpool.

Am Quai eine Überraschung: der belgische Konsul inmitten eines Haufens von Motorrädern. Ein Empfangsessen war schon abserviert, denn wir hatten zehn Stunden Verspätung. Die praktisch veranlagten Sportsleute brachten uns zu Reynolds, und dort begann eine Rekordbastelei: neue Reifen, neue Ketten, Karbid – endlich, nach 165 Tagen, Kerzenwechsel, Entkohlen – ein reines Vergnügungsfest. Und dann schnellstens nach Birmingham, die »Trade-barons« hatten uns ebenfalls zu einem kleinen dinner einladen wollen – es war Nacht, als wir ins erste Hotel einfielen. Leicester-London am nächsten Tag. Herr Gillet hatte es gut gemeint, als er uns Plätze auf der Batavia reservierte – eine Stecknadel in einem Heuhaufen war nicht schwerer zu entdecken als die Batavia an den kilometerlangen Kais. Jede Schiff-

gesellschaft hatte ihren Zaun, der die Sicht versperrte, ihr Tor und ihren Wächter. Der Name der Gesellschaft stand klitzeklein irgendwo ... endlich sichteten wir unser Glück! Sie hatte bereits losgemacht – zwei Kräne hievten die Gillets an Bord – wir sprangen von einer Gangway auf die Kohlen – das bremste vorzüglich die zwei Meter Fallhöhe! Der Kapitän fluchte »20 Minuten verloren, das kostet mich . . .!« Wir konnten es ihm »heimzahlen«: 20 Meilen vor Rotterdam lag seine herrliche Batavia im Nebel fest: das kostet, auch uns, Herr Kapitän – zehn Stunden!

Zur Begrüßung Regen und Sportsfreunde im Buick – wir fühlten uns als Motorbootfahrer. Eindhoven, Breda, Antwerpen – an der Grenze Empfang. »Hoch die Tassen.« Zum Bankett beim Bürgermeister erschienen wir im Vaterland der Gillets ausnahmsweise pünktlich . . . Ach, Du mein verrücktes Europa! Alle Fenster der Mairie waren hellerleuchtet – Wagen bauten sich in Reihen auf. Herren im Smoking rissen den Wagenschlag auf, und heraus stiegen Damen in Silberlamé mit Bubikopf. Ein Wunder, daß wir auch reingelassen wurden . . .

Vorstellungen: ein kleiner bebender Herr im Gehrock ergreift einen Riesen mit Spitzbart (wie Chaplins Kompagnon aus »Goldrausch«) Herr Sundso – Durand – Dubois, was hatte er gemurmelt? Welches Frackwesen mit weißer Binde könnte wohl der Bürgermeister und welche Schöne die grande-dame des Augenblicks sein? Die »Tour« ging für uns sozusagen weiter. Motto: Durchhalten! Die gewissen Blicke auf die zerknitterten Hemden, die feuchten Anzüge konnte man übersehen, denn es erschienen Pressefotografen, jene abschußgewohnten Safari-Jäger voller entsetzlicher Ideen: die Schönheitskönigin sollte den staubbedeckten Motorwanderer küssen (in Henrys Jauerschen wirkte der grazile Pagenkopf wie eine Erbse). Monsieur Leon Gillet sollte je einen Weltreisenden auf seinen Knien reiten lassen – Protest! So mußte eben Frau Bürgermeister mit uns anstoßen. Blind von der Blitzerei gelangten wir an die Tafel. Wir saßen da wie zwei Stalljungen, die aus Versehen in das Siegesfest des Rennstallbesitzers hineingeplatzt sind.

Andrieux, der alle Gedanken abgelesen hatte, meinte: »Ich denke an den verzauberten Abend bei dem Steppenfürsten in Kubulik, an die sangesfreudigen Autler des Motoclub Krasnojarsk, den Hendee-Club von Kansas, das waren auch gerade keine Bettler!« Jedenfalls waren deren Feste ganz ohne Peinlichkeit, obwohl wir so gut wie nichts miteinander reden konnten. Und hier? Was sollten wir den schön gemalten Ehrenjungfrauen sagen, die ihre Tage mit exquisiten Schönheitselexieren pour le charme des femmes verbrachten?

Von der fleckenlosen teebraunen Haut der Jablonovyji-Frauen sprechen – dem künstlichen Teint der Nara-Schauspieler aus Nußöl und Reismehl – der Standard-Japanerin, die keine Schlachten gegen den Staub auf Nippes, Deckerln, Teppichen und Louis XV.-Beinen zu führen braucht? Von ihrer Kunst, einen einzigen Blütenzweig harmonisch zu arrangieren? »Ahsiko ashige sako shicano ha«, fügte ich resigniert hinzu. »Oh, erzählen Sie doch, sagt man das zu den Frauen in Yashiwara?« – »Das und noch Schlimmeres«, bestätigte Herr Gillet, der uns zur Hilfe geeilt war und mit einem Dutzend arglistiger Fragen eine allgemeine Konversation in Gang brachte ... Enthüllungen oder Palastrevolution?

Nein, der Abend steuerte in friedliche »Gemütlichkeit« hinein. Henry dachte an die letzten Kilometer morgen, während er versonnen das Decolleté einer Schönen betrachtete ... (denn ich kann auch Gedanken lesen!)

NIE ZUFRIEDEN ...

Wir verglichen Sibirien mit Europa –
wir suchten Saint Denis in Grusinskiva und die Swakopmunder Straße in Ull Durova – und fanden es nicht!

Als wir die großen Kirchen mit ihren gedrechselten, facettierten oder goldbepunkteten Türmchen der einundzwanzig Städte intus hatten – ohne von den unendlich vielen kleinen Dorfkirchen aus Holz zu sprechen, – die mit diesen über ihre Urgroßmutter, der Kirche der Verklärung in Kishi mit 17 Zwiebeln verwandt sind – kamen wir ins Land des Mikado und suchten vergeblich die Häuserzeilen von Grussinski Va von Marunouchi und die Durova im Park von Hakone ... auch ohne Erfolg!

Unser Gehirn fotografierte inzwischen das Sanctuaire von Toshogu und den großen Daibutsu (Buddha), und das Schiff trug diese Bilder unverletzt nach USA. Wir suchten ein Chateau von Osaka mit dem Park in Kirschblüte und den Kinkakuji-Tempel von Kyoto und fanden statt dessen die Hängebrücken, das goldene Tor, die Raddampfer, den Wald aus Röhren in Pittsburg und den Kinderbaukasten New York. In England gab es keine Everglades, kein spanish Moos, no creeks, keine geraden Straßen, sondern Nebel, Modelldörfchen und mehr Tee und Tee.

In Belgien gab es weder um 11 noch um 4 Uhr eine Teestunde, kein Lyons und keine arbeitende Bevölkerung, die per Motorrad zur Arbeit fuhr. Wir waren heimgekommen ins Land der allsamstäglich abgewaschenen Häuser und des Biers, das man von 4 bis 6 Uhr im Café sitzend mit verstörter Miene bewacht ...

So langsam arbeitet die Maschine da oben im Kopf, und darum vielleicht entsteht daraus die Abneigung gegen Fremdes – Neues – Anderes.

AUS DER FAMILIENGESCHICHTE DES »KAMELS«

Als Robert Sexé dem Herrn Leon Gillet die Tour du monde vorschlug, entwarf dessen Konstrukteur Laguesse sofort das »ideale« Geländemotorrad, denn Konstrukteure lieben das. Sie forschen per Zeichnung.

Zunächst stellte er, basierend auf einer Zweifahrer-Mannschaft, die Vorzüge und Nachteile von zwei Solomaschinen und einem Gespann einander gegenüber. Das Gespann konnte die doppelte Benzinmenge mitschleppen bei höchstens 40 % Mehrverbrauch gegenüber einer Solomaschine. Die Mannschaft kann mehr leisten, beide Fahrer können sich ablösen. Das Gespann ist standfest, und trotz aller Schwierigkeiten im harten Gelände gibt es angenehme Momente fürs Ausruhen. Andererseits ist das ungefederte Gespann bruchanfällig, und weiterhin ist es der Solomaschine (bei gleichem Motor) unterlegen, solange es nicht zwei angetriebene Räder hat (das lag nämlich schon in der Luft!).

Ein englischer Cyclecar-Hersteller aus Gloucestershire hatte für Geländezwecke ein 600er Blackburn-Motorrad mit einer Welle vom Hinterrad zum Seitenwagenrad versehen und sollte eine nie bezwungene Steigung des Kickham-Trials damit hochgedonnert sein. So können wir ruhig behaupten, daß das Welttour-Projekt Monsieur Laguesse inspiriert hat, die Gillet Twins mit Seitenwagenantrieb zu entwerfen (und der belgischen Armee zu verkaufen). Später dann gab's eine BMW R 75 und 'ne Zündapp KS 750 (1941 – Type Afrikakorps), und viel später, 1952, eine Claude Mahé Sahara-Expedition auf 2 KS 750 Zündapps!

Die einfache Wellenverbindung (Gleichlauf der Räder) hatte Nach-

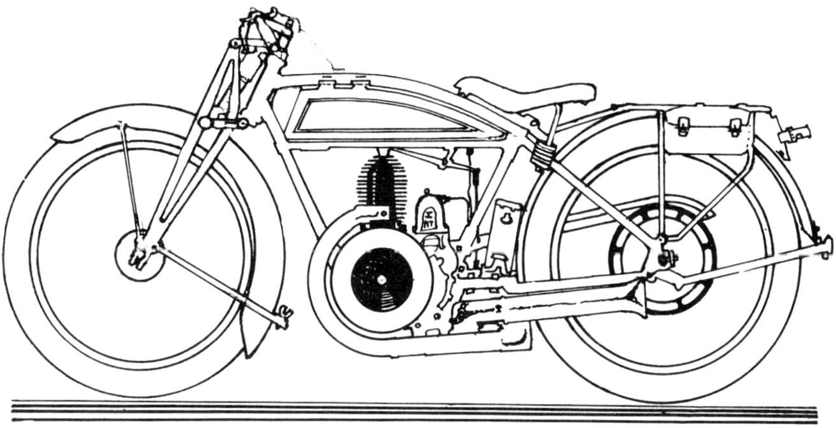

teile beim Kurvenfahren, aber die ingenieurmäßig durchdachte R 75 – KS 750 auch: Trotz der Abgabe des Drehmomentes im Verhältnis 3 : 2 per Differential auf die ungleich belasteten Hinterräder blieb mancher damit stecken (sagen Monsieur Mahé und der Autor), weil die Dinger nackt um 400 kg wogen (bei nur 25 PS) und ungefedert, d. h. in der Luft waren, wenn es darauf ankam zu ziehen. All das konnte Monsieur Laguesse noch nicht ahnen; er entschied sich für zwei leichte Solomaschinen, denn, wenn wirklich eine ausfallen sollte, können die noch weitermachen; mit dem Gespann ist es dann aber endgültig Schluß.

Die gewählte 350er hatte einen Zweitaktmotor von 6,5 PS Leistung. Natürlich gab es schon leistungsfähigere Motoren – Viertakt-OHV zum Beispiel mit 16 PS und 115 Spitze. Große Klasse zum Jubeln für Sandbahnrennen; aber man trug die Ventile nebst Kipphebeln frei im Luftstrom – alle 800 km empfahl sich Nachstellen. Die Klasse der Zuverlässigen – und die Industrie hatte erkannt, daß die Leute nicht spielen, sondern fahren wollten – war noch bei den 25 PS/Liter, wie DKW und Zündapp, die »zuverlässig« auf ihre Fahne geschrieben hatten. Der Stand der gesicherten Technik war noch nicht so hoch.

Non plus ultra: die Kurbelwelle

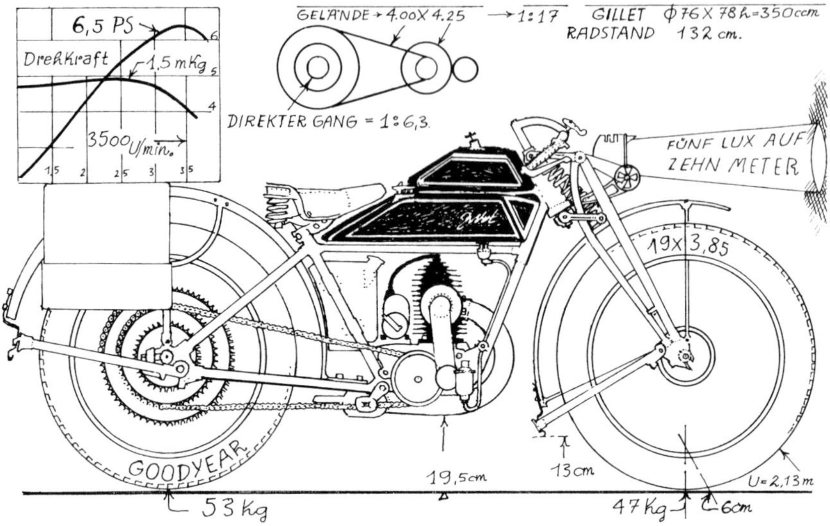

aus einem Schmiedestück, Pleuellager geteilt, als Gleitlager Stock Evans, als Nadellager Zündapp nach eigenem Patent. Die anderen machten konusverbundene Kurbelwellen und vertrauten auf SKF-Rollen, soviele, wie reinpaßten. Oder Panhard: abwechselnd eine Tragrolle und eine Distanzrolle – 1 : 10 Ölbeimischung sollte schmieren und kühlen und tat es vielleicht auch – denn wir waren ja noch bei 3800–4000 U/min.

Gillet hatte in seinem Graugußzylinder Stahlkolben ... zusammen mit Craugußringen entsteht nach kurzer Einlaufzeit (einer fast heiligen Prozedur) eine geläppte Superfinish-Lauffläche und entsprechende Kompressionsdichte – nicht unwichtig für die PS »unten«. Die hatten diese Motoren: zwischen 1000 und 3500 U/min

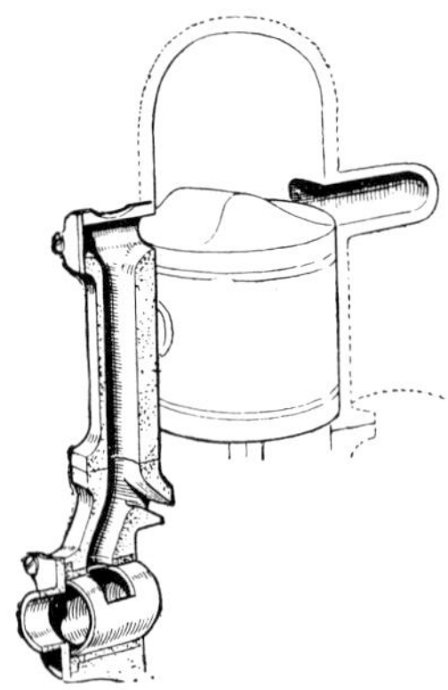

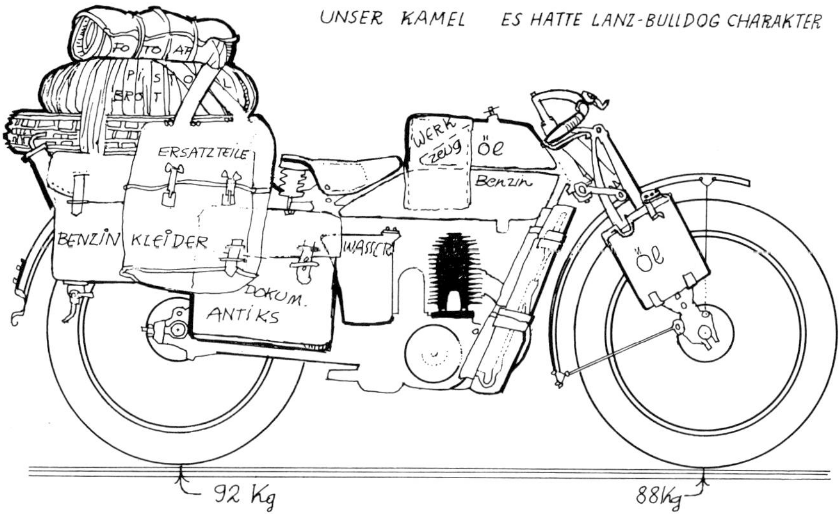

1,3 mkg variierend – die Leistung blieb konstant, bei Regen und Kälte; bei tropischem Wetter mußte man »hinhorchen« und möglichst nicht zuviel verlangen, denn der Kühlrippenwald war von schottischer Sparsamkeit. Dennoch kann man kühn behaupten: in europäischen Breitengraden ging der Motor nicht fest. Kolben und Zylinder hatten ja den gleichen Ausdehnungskoeffizienten. Vibrationen wegen des schweren Kolbens? Sehr gering; probates Mittel der damaligen Zeit: ein ungewöhnlich großes (äußeres) Schwungrad. Ein Rohrdrehschieber von der Kurbelwelle angetrieben sorgte für 75 Grad Einlaß vor dem oberen Totpunkt, aber schloß schon 35 Grad danach. Auf der »Einfahrstrecke« Paris-Warschau war der Verbrauch unter 3 Liter auf 100 km geblieben.

Das beste an diesem Verschleißteil war seine leichte Auswechselbarkeit: bei abgenommenem Vergaser konnte man es aus seiner Hülse und Mitnehmernut herausziehen ... und das neue Stück hineinstecken. Der geringe Bodenabstand der Vergaser war die Achillesferse der Gillet – ein kleiner Schnorchel mit einem Gasluftfilter in

Zylinderhöhe hielt Staub ab, der ja in Bodennähe am dichtesten ist. Der Motorgetriebe-Block hatte zwei Gänge, somit eine »natürliche« Schaltautomatik: Erster Gang nach unten bis zum Anschlag; zweiter bis Anschlag oben. Bei Benutzung des kleinsten der drei Zahnkränze nebeneinander auf dem Hinterrad ergab sich eine Übersetzung von 1 : 5,65 im direkten Gang ... ausreichend für Normalstraßen (erster Gang dann 1 : 11,3). Der größte Hinterradkranz, für »schweres« Gelände bestimmt, gab dann 1 : 9,5 und 1 : 19,5. Das erwies sich bei Probefahrten in felsigem Gelände an der Maas als ebenso ausreichend wie die weitabstehenden glatten Kotflügel, jedoch nicht im bergigen Ural wie auch nicht an den Steilstrecken vor Tschita; ebenso wenig wie die Antischlamm-Kotflügel in der verregneten Steppe; da mußten die Fahrer gutmachen, was die Technik noch nicht konnte.

Das Gesellenstück, bruchfrei und ohne Unfall oder wie man gern sagt »ohne fremde Hilfe« anzukommen, war unseren zwei Franzosen gelungen. Darin steckt eine Lehre für alle die, die denken, daß es nur auf die technische Vollendung des Sportgeräts ankäme. Jeder »höchste Stand der Technik« ist vorübergehend – unwandelbar und immer gültig hingegen erscheinen Eigenschaften wie das Abwägenkönnen von Vor- und Nachteilen, sich zu bescheiden wissen und sich den Unvollkommenheiten anzupassen. Liegt nicht gerade ein beträchtlicher Stolz darin verborgen, mit geringem Aufwand sein Ziel zu erreichen? Der Techniker nennt das »guten Wirkungsgrad«.

Andere haben ähnliches festgestellt: Monsieur André Citroen mit seiner Croisière jaune (Pamir-Gebirge, Himalaya, Gobi), mit der ersten Sahara-Durchquerung und dem Kreuzzug 1925 durch das schwarze Afrika wie auch die Veranstalter von New York–Paris (1908) und Peking–Paris (Le Matin) 1907. Aber, heißa ... da rollten Millionen! Unsere zwei waren sparsamer; sie verbrauchten 2540 Liter Benzin und Öl, 8 Reifen, 8 Brillen, 4 Motorritzel, 6 Ketten, 4 Drehschieber, 20 Kerzen, 30 Filmpacks 6 x 9, 8000,– DM und 800

Dollar, sowie 30 centimes für Karbid (um mit Lampe genau so wenig zu sehen wie ohne). Die Piepen bekam Robert mit Verlust zurückerstattet, denn der Franc war wieder mal gefallen. Für Leon Gillets bescheidenen Betrieb in Herstal war die Tour-Werbung auf dem Brüsseler Salon zwar »wunderbar«, aber zu teuer.

Niemand hat je von Honoraren gesprochen – weder der Meister noch der Zauberlehrling.

Aber man könnte doch erzählen, wie sich langsam, aber sicher eine Aureole um die zwei Motorwanderer gebildet hat. In eingeweihten Kreisen zuerst, und dann bei den Freunden und denen, die die viel zu bescheidenen Berichte des Touring Club de France oder die Reportagen in »Moto-Revue« gelesen hatten.

Überall war sozusagen ein Korn ausgesät, das nie vergehen wird: der Geschmack am Motorwandern durch unsere auch heute noch so interessante Welt.

DAS LETZTE KAPITEL . . .

Derselbe liebe Regen – wie beim Start vor 175 Tagen (der einem so leicht den Spaß am Motorradfahren verderben kann), begleitete uns nachhaus – allerdings Dezember-gekühlt!

Mit den Löchern in den Straßen (war die Saat vom Frühling aufgegangen?) waren wir auch nicht einverstanden. Hatten wir etwa irgendwo »unsere« Straßen in Europa gerühmt? . . . Bei Malnies verschleppten uns junge Leute zum Club-bistro – zum »Hoch die Tassen« hatte aber niemand Zeit: sie krochen buchstäblich in die Maschinen hinein. Jedes Detail wurde gewürdigt, sogar das traurig herabhängende (und zerquetschte) Luftfilter.

Dann gab es Brüssel mit einem Ehrenfrühstück, von der Sportbehörde geboten. Man wurde ungerecht: Henry, wie gern und oft haben wir jemand anderen gefeiert! Und nun fraßen wir die Gaumenlatze herunter – nickten den zierlichen Wortdrechslern zu und saßen in Gedanken bereits wieder auf der Mühle . . . Richtung Lüttich. Da kamen wir dann auch, naß wie die Ratten, um sechs Uhr dreißig zum Bürgermeister. Die Reden dauerten solange wie die Kleider zum Trocknen brauchten.

Jemand sprach von der Industrie, die die avant-garde sei ... und es stimmte: F. N. hatte als erste Fabrik eine Riesenproduktion à la Ford aufgelegt – wir hatten es an diesem Tag schon mal gehört. Es war dennoch ein großer Jubel. Wer keine Eintrittskarte hatte, erfand Listen und Tricks, um wenigstens berichten zu können: »Ich habe sie gesehen! Es ist ein kleiner Mann und ein riesenlanger Kerl – sie sind beide plötzlich im Dunkeln verschwunden!« ... Ja, die Undankbaren waren mit den Karbidlämpchen noch bis Dinant vorgedrungen!

Und am nächsten Tage machten wir den kleinen Rest weg – bis die Dörfer immer bekannter wurden: La Ferté – Coulomniers, und dann lasen wir endlich, was wir so oft auf Postkarten, Briefe und Pakete geschrieben hatten – »Champigny« (My home!).

»Die Motorradburg« nannten es die Umwohner. Wir sahen überall bekannte Gesichter, die inzwischen 175 Mal bis zum Eiffelturm und wieder zurückgefahren waren und einmal mehr die Sommerfrische, die schon Großvater so liebte, besucht hatten. Wir schnurrten die Hauptstraße hinunter – sie schaute so böse drein, weil wir uns nicht abgemeldet hatten. Oder war sie schon immer so häßlich gewesen? Meine Güte, schon der Bahnhof, eine Bank, eine Schiene ...

Jetzt bekomme ich Herzklopfen: da ist die letzte Steigung zu unserem Haus (wir nannten es eine Teststrecke). Stop! Die Gartentür quietscht – immer noch. Die Nachbarin steckt den Kopf raus, wie seit zehn Jahren – »Ihre Frau ist auf der Post, aber die freut sich vielleicht!«

Na ja, wir sind wieder zu Haus, Henry!